예술이 약이다

KB143087

문무학 예술칼럼

예술이 이다

초판 1쇄 발행 ┃ 2013 년 3월 15일

지은이 ┃ 문무학
펴낸이 ┃ 신중현
펴낸곳 ┃ 도서출판 학이사
　　　　　출판등록 : 제25100−2005−28
　　　　　주소 : 대구광역시 중구 국채보상로 101길 11
　　　　　대표 전화 : (053) 554~3431, 팩시밀리 : (053) 554~3433
　　　　　홈페이지 : http : // www.학이사.kr

ISBN ┃ 978−89−93280−53−1　03040

　• 값은 표지에 있습니다.

문무학 예술 칼럼

예술이 藝이다

예술이
藥
이다

예술은
오로지 돈 생각으로 병든 이 세상을 치유할 수 있는 약이다.
그것도 일시적으로 치유하는 것이 아니라
몸 전체의 균형을 잡아 근본적으로 치유하는
한약 같은 것이다.

병든 세상을 치유하려면

2012년 1월 『예술의 임무』라는 예술 칼럼집을 낸 바 있다. 이 책은 제목이 다르지만 그 후속편이 되는 것이다. 애초에 책을 낼 목적으로 쓴 것이 아니라 신문 (대구신문, 대구일보, 매일신문, 영남일보) 잡지, 웹진 등에 쓴 칼럼들이 책이 될 만큼 원고가 쌓였기 때문에 책을 낸다는 것이 정직한 말이 될 것이다.

차마 버릴 수가 없어서 묶어둔다는 내 개인적 욕심이라는 사실을 부정하기 어렵다. 그렇지만 예술의 현장에서 예술이 빛이 되는 세상을 만들고자 고군분투하는 몸부림이기에 나 아닌 다른 사람들도 예술을 함께 생각하는 기회가 될 수도 있지 않을까 하는 기대를 가진 것도 사실이다.

예술인이라고 자처하며 살고 있고, 예술 단체의 일을 맡아 하면서도 '예술'이라고 하는 것이 무엇을 어떻게 해야 하는 것인가 되물을 때가 많다. 예술의 길은 갈수록 더 멀어지고, 모르는 것이 더 많아진다. 그러면서도 그렇게 뻔한 길이면 매달릴 필요도 없을 것이며, 어려운 것이기에 매달릴 의미가 있다고 스스로 용기를 북돋우기도 한다.

그런 가운데서도 분명해지는 것은 예술이 오로지 돈 생각으로 병든 이 세상을 치유할 수 있는 약이라는 사실이다. 그것도 일시적으로 치유하는 것이 아니라 몸 전체의 균형을 잡아 근본적으로 치유하는 한약 같은 것이라고 말이다. 이것이 이 책을 통해 내가 말하고 싶은 것의 전부다. 몸 아플 때 약 먹듯이 마음 아플 땐 예술을 먹자고 외치는 것이다.

몸은 조금만 아파도 약을 먹고 병원엘 간다. 마음이 아프고 괴로울 때는 어떻게 해야 할까? 방안에 틀어박혀 고민할 것이 아니라 책을 펴거나, 공연장과 전시장엘 가라는 처방을 내리고 싶다. 쉽게 믿어지지 않을지 모르지만 경험해 보면 예술이 약이라는 사실을 쉽게 알 수 있을 것이다.

2013. 3.
대구문화예술회관 예련관에서
문무학 씀

예술이 藥 이다

서문 병든 세상을 치유하려면 • 4

예술과 정치 • 11

예술과 예의 • 16

선물의 예술 • 21

격려의 예술 • 26

고독의 예술 • 34

골목 예술 • 40

작위와 훈장의 거부 • 45

왕수와 미셸 아자나비슈스 • 50

정경화와 백혜선의 연주회 • 55

예술이 藝이다

사물놀이와 B 보이 • 61

탄생 100주년 문인 • 66

고속도로 휴게소의 백남준 전시회 • 72

멘토링 • 78

대마도에서 독도를 노래하다 • 83

종교의 화합 • 89

책과 저작권 • 94

이야기 전쟁 • 100

예술 소비가 생산이 되는 이유 • 106

예술이 藥 이다

예술소비운동 • 111

책 읽는 소리 • 116

대시민 문화향수 현황조사 필요하다 • 121

지방이 행복한 나라를 만들자 • 126

국민 대통합, 예술이 명약이다 • 130

먹고 살려면 예술에 투자해야 • 135

국경 없는 예술로 소통의 길을 열자 • 137

오늘 하는 예술소비, 내일 위한 행복투자 • 152

예술과 정치

기다리지 않아도 봄은 오지만, 봄이 오는 길은 그리 쉬운 것 같지는 않다. 오는가 싶더니 또 돌아가는가 싶고 오다 말다 주춤거리고 있다. 올해만 그런 것이 아니라 봄은 대체로 그렇게 쉬이 오지 않았다. 겨울이 쉽게 봄에게 자리를 내주지 않으려고 몸부림을 치는 것 같다. 그런 가운데 대한민국에선 제19대 총선이 실시됐다.

2012년 4.11 총선, 임시 공휴일이라 그야말로 늘어지게 늦잠을 자고 마음껏 게으름을 피워댔다.

간밤에 비가 내리고 날이 흐린 듯 했지만 팔공산엔 햇살이 퍼지기 시작했다. 모처럼, 그야말로 모처럼 우리 집 마당을 한 바퀴 돌아본다. 내 집에 오는 봄은 모르고 세상의 봄을 걱정하거나 선거의 봄을 걱정하는 이 한심함이라니, 뒷마당에 갔다가 놀란다. 분재에서 옮겨 심은 매화가 키도 훌쩍 크고 꽃송이를 송이송이 달고 있다. 그 뒤 담벼락엔 진달래가 돌담에 뿌리내려 꽃을 활짝 피우고 있다.

흰 매화와 붉은 진달래를 한 눈에 보는 기쁨, 참 말이 부족하다. 평소 기계치인 내가 휴대전화를 들고 사진을 찍느라고 수선을 떨고 있으니 아내가 참 별일도 다 있다 싶은 표정으로 나를 바라본다. 무슨 심사인지 어느 게 더 예쁜 거야 하는 생각이 드는데 이게 참 한심한 것이 아니고 또 무엇인가. 따로 따로 봐도 좋고 함께 보면 더 좋은데 꼭 어느 것이 더 예쁜가 하고 비

예술이
약이다

교하려는 것은 무슨 심사인가 말이다.

저 꽃들 희게 핀 것은 희게 피어 좋고, 붉게 핀 것은 붉게 피어 좋은데, 문득 오늘 내가 해야 할 일과 견주어 본다. 투표, 여러 사람들 중에서 꼭 한 사람에게만 투표를 해야 하는데 누굴 찍어야 하나. 선거전이 시작되고부터 생각해오고 있는 것이지만 저 꽃들처럼 후보자들도 모두 자기 나름의 색깔을 가지고 있을 테고, 그 색깔이 가진 의미를 내가 다 알 수도 없는데 말이다.

그러나 후보자들이 하겠다고 하는 일들이 너무 큰 것들이어서 좀체 믿음이 가지 않는다. 왜 저렇게 모두 실천 가능성이 낮은 일들을 하겠다고 큰소리치는지 이해하기가 쉽지 않다. 그래야만 표를 찍어 줄 것 같지만 유권자 수준이 높아 그 정도는 판단할 수 있을 텐데도 후보자들만 그 사실을 모르는 것 아닌가 싶다. 어쩌면 안 될 줄 알지만 그렇게 한다고 해보는 것인지도 모른다. 했느냐, 안 했느냐 따지는 사람도 없을 테니까. 설사 따진다 해도 열심히 하려고 했는데 이래서 안 되고 저래서 안 되더라고 대답하면 또 어쩌겠는가.

우리 집 뒷마당에 함께 피어있는 매화, 진달래, 그리고 그 아래 복수초, 저들은 서로 다른 것들이 한데 모여 있어서 더 아름다운데, 정치는 꼭 생각이 같은 사람들만 모여야만 하는가? 그럼 좀 싱거울 것 같은데 말이다. 생각이 다른 사람들이 모여서 법을 만들어야 좀 더 많은 사람이 공감하는 법이 되지 않겠는가. 사람은 누구라고 잘못 생각할 수 있다. 그것을 인정하게 하는 것이 민주주의다.

예술과 정치가 다른 점은 분명히 여기에 있을 것이다. 정치나 행정은 민주주의의 이름 아래 여러 사람이 옳다고 생각하는 쪽으로 나아가는 것이다. 그러나 예술은 다르다. 예술은 언제나 새로운 것을 창조해 나가는 작업이다. 그래서 민주주의 식이 아니라 철저히 개인적인 주관의 표현이다. 예술가의 작품에서 호, 불호의 견해차가 분명히 있을 수 있지만 예술가는 타인의 견해를 들어가며 예술 작품을 창작하지는 않는다.

　예술 밖의 사람들이 예술인들을 별난 사람들이라고 생각하는 이유도 거기에 있다. 현실에 몸을 두고 있지만, 좀체 현실과 잘 타협하지 못한 사람들, 그러나 예술가들의 그 별난 생각들이 인류를 행복하게 한다는 사실은 절대 틀리지 않는 말이다. 매화는 매화대로 피고 진달래는 진달래대로 피도록 두는 것이 예술이다. 그러나 정치는 매화에게 진달래가 되어야 한다고 하고, 진달래에게 매화가 되어야 한다고 소리 높이는 것이다. 다르다. 다를 것은 달라야 하지만 정치도 예술도 궁극적으로는 인류의 삶을 아름답게 가꾸게 하기 위해서 존재하는 것이다

예술과 예의

2012년 6월 12일부터 6월 17일까지 일본 미야기현 현립 미술관에서 대구·센다이 국제 예술 교류전을 가졌다. 양국의 서예, 공예, 사진 작품의 전시였다.

보통 이 같은 교류전은 전시 기간이 일주일에 불과하지만, 그 일주일의 전시를 위한 준비에 매우 많은 시간과 노력이 필요하다. 전시 분야를 결정하고 출품 작가, 출품 수를 정하는 데도 적잖은 시간이 걸린다.

예술이
약이다

이것이 결정되면 작가들은 작품을 제작해서 출품하게 되고, 이를 주선하는 측에서는 작품을 안전하게 운반하기 위한 여러 방법을 모색하게 된다.

특히 올해의 경우 공예 작품이 출품되기 때문에 파손 우려도 있고 해서 여간 조심스러운 것이 아니었다.

전시회 오픈 하루 전인 11일에 일본에 도착하여 전시를 준비했다. 일단 전시회장이 현립 미술관이라 기분이 좋았다. 정문 입구에 헨리 무어의 조각 작품이 묵직하게 놓여 있었다.

전시를 하는 동안 미야기현 예술협회와 대구 예총이 교류의 지속을 위한 협정 재체결이 있었다. 이미 18년이나 교류를 지속했으니 별 이의는 없었다. 그런데 그 회의장에서 나는 손님을 맞는 일본 미야기현 예술협회의 정중한 태도에 놀라지 않을 수 없었다. 그들은 회의장에 큰 꽃꽂이를 해 놓았다. 여느 회의장에도 꽃꽂이는 하는 것이니까 그게 놀랄 일은 아니지만 놀란

건 그 다음이었다.

회의를 시작하기 전에 그 꽃꽂이를 한 작가를 불러 그 꽃꽂이 작품에 대해 설명을 하는 것이었다. 일본 전통 복장인 기모노를 단정히 입고 꽃꽂이의 의미를 조용조용 말했다.

소재와 상징 등 교류의 의미를 살리기 위한 것이었다. 그 태도가 얼마나 공손한지 참 놀라웠다. 그리고 회의를 마치자마자 기모노를 입은 다인茶人 몇 사람이 직접 차를 회의장으로 들고 들어와 공손하게 절하고 대접하는 것이었다. 감동하지 않을 수 없었다. 예술에 예의가 보태지면 더 큰 감동을 준다는 것을 체험했다.

그 외도 전시회 개막식에 한국 영사관의 총영사를 비롯해 부영사관이 참석하고, 미야기현의 지사가 대구예총이 작년 동일본 대지진에 보낸 후의와 격려에 감사하다는 감사장을 전해주기도 했다. 미야기현 예술협회 회원들이 많이 참석하여 전시회 개막식은 참으로 축제 분위기가 되었다. 전시회 기간 내내 교류단이 전시장에 있지 못하고 14일 귀국했다. 다만 철수를 위해 2명이 남았다.

전시회를 폐막하는 날, 그곳 신문사에서 한국의 사진 작품 1점을 구입하겠다고 강력히 요청, 작가와 연결 판매를 했고 도자기도 구매를 원하는 사람들이 있었지만 가격 절충이 안 돼 판매하지는 않았다. 이렇게 일본인들이 대구 작가들의 작품에 관심을 가져주는 게 참으로 기뻤다. 일본 예술인들은 이렇게 예의 바르고 정중했다. 그래서 감명을 받았다. 그런데 일본이라는 나라는 참으로 이해하기 어려웠다. 개별적으로 만나면 이렇게 본받아야 할 점이 많다. 그런데 일본 정부는 왜 터무니없이 독도를 자기 땅이라고 우기는가? 또 일전엔 일본군 강제위안부 할머니 소녀상 옆에 독도가 일본 땅이라는 말뚝을 세우는 우익 분자들이 있으니 어떻게 이해해야 하는가.

이번 교류 중에 미야기현 예술협회는 우리 일행을 안중근 의사의 '위국헌신 군인본분爲國獻身 軍人本分'이라는 안 의사의 마지막 글을 보관하고 있던 대림사로 안내해 안중근 의사에 대한 경의를 표하기도 했다. 일본의 양심 있는 학자들은 독도를 한국 땅이라고 인정하고 있는데 일본 정부가 이를 정치적으로 이용하기 때문에 그렇다고 말하고 또 그렇게 이해하기도 하지만 그 정도가 심해서 국민으로서는 용납하기 힘든 것이다.

　　필자는 독도가 우리 땅임을 국내에서만 외쳐서는 안 된다는 생각으로 대마도에 가서 독도는 우리 땅 이라는 주제를 가지고 시낭송회를 가진 적이 있다. 일본인은 예의 바른 사람들인데, 일본 정부는 너무나 파렴치한 일들을 지속하고 있다. 이런 말은 그야말로 말이 되지 않는 것인데, 그런 현실이 되고 있으니까 답답한 것이다.

선물과 예술

　아름답고 높은 경지에 이른 숙련된 기술을 비유적으로 이를 때 '예술'이란 말을 쓴다. 삶에서 다른 사람을 축하해주어야 할 때 선물을 하는 경우가 많다. 그런데 선물에도 예술의 경지에 이르는 경우가 있다. 누구나 그런 예술적 선물을 받아본 경험이 있겠지만, 필자는 최근 참으로 예술의 경지에 오른 선물 하나를 받았다. 그것은 값 비싼 것이 아니고 돈으로 환산할 수 없는 아름다움이 배인 것이었다. 2012 빈 필하모니 신년음악회 DVD 한 장이었다. 새해 벽두 세계인의 음악 축제로 자리매김 된 '빈 필하모니의 뉴 이어 콘서트'는 클래식 애호가들이 매우 관심을 갖는 음악회다. 마리스 얀손스의 지휘로 연주되는 음악은 참으로 환상적이라 하지 않을 수 없다. 그 DVD를 보내신 분이 짧은 글을 함께 보냈다. 그것이 음악보다 더 아름다워서 나는 참으로 감격하지 않을 수 없었다. 예술을 예술적으로 선물하는 지혜, 참으로 놀라웠다. "결혼 40주년이 올해라 저희 부부 비엔나 뉴 이어 콘서트 다녀왔습니다. 함께 하지 못해 미안합니다. 저희야 평생소원을 푼 셈이죠. 기회 되시면 꼭 한번 다녀오십시오. 좋은 걸 보면 왜 이리 권하고 싶은지! 올핸 더욱 건강하세요." 이런 선물을 받으면 그 누가 감동하지 않겠는가. 이 짧은 편지 속에 담긴 생각들은 참으로 많다. 결혼 40주년을 맞는 부부가 갖는 여유로움이 부럽기도 하지만, 그야말로 세계적인 공연을 함께 보고 싶었지만 그러지 못하고 자신들만 가서 미안하다는 말이 갖는 따뜻함. 그래서 DVD라도 보라고 사서 보내주는 사랑. 나는 참으로 행복함을 느꼈다. DVD를 사는 것도 사는 것이지만 사서 먼 여행길에 가져오고 그것을 또 우편으로 부치고 하는데 얼마나 번거로움이 많은가. 그 번거로움을 마다 않고 선물을 보내주시는 일, 이것이 그리 쉬운 일인가. 지금 이 글을 쓰면서도 그 연주회 음악을 듣고 있지만 앞으로도 자주 듣게 될 것이고 편지와 함께 오래 보관하게 될 것이다. 이런 선물을 받으면서 나는 그 누구에게 이렇게 감동을 주는 선물을 해본 적이 있는가, 돌아보지 않을 수 없다. 대구 예총 회장을 맡으면서 예총에서 선물을 해야 할 경우가 생기면 꼭 예술 작품을 선물하는 것을 원칙으로 정하고 있긴 하지만 이런 감동은 주지 못했을 것이다. 2012년을 맞으면서 새해 선물로 오페라 소프라노 아리아 100곡이 담긴 CD를 보내기도 했고, 책을 많이 선물하는 편이지만 그기에 얼마나 진정성을 담았던가 돌아보게 된다. 진정성을 담지 않은 선물이 어떻게 상대방을 감동시킬 수 있을 것인가? 감동을 주는 것이 예술일진데 그런 점에 아직은 많이 모자란다는 반성을 하지 않을 수 없다. 누구를 감동시키려면 진심을 담아야 하고 그 진심이 담기면 아무리 작은 선물이라도 상대방을 감동시킬 수 있을 것이다. 앞으로 선물을 해야 할 경우에는 선물의 값에 신경을 쓸 것이 아니라 진심을 담는 것에 더욱 신경 써야겠다는 다짐을 해본다. 예술소비운동을 벌이며 내 개인적이나 예총에서 선물을 해야 할 경우 예술 작품을 선물 하자고 자주 주장한다. 그것이 예술소비를 촉진시키는 길이 될 수 있기 때문이다. 대부분 많은 사람들이 선물을 하는 경우 몸에 좋은 것들만 골라 선물한다. 따라서 몸에 좋은 선물만 할 것이 아니라 정신에 좋은 것을 선물하는 운동을 벌이고 싶은 것이다. 공연 티켓, 시집, 음악 CD, 그림, 공예 작품 등 잠시만 생각하면 예술 작품을 선물할 것은 참

예술이
약이다

으로 많다. 몸 생각하는 반만 정신 생각하면 우리 사는 세상이 참으로 많이 달라질 것이다. 건강한 신체에 건강한 정신이 깃든다는 것도 틀린 말이 아니지만 나는 역으로 건강한 정신을 가지면 건강한 육체를 가질 수 있다고 생각한다. 예술작품을 선물하면 그것은 먹고 없애버리는 것이 아니라 오래 간직된다는 것도 선물의 의미를 더 크게 한다. 그런 풍토가 조성되면 예술 발전은 저절로 이루어진다. 그림이 많이 팔리고 시집이 많이 팔리고 노래를 담은 CD가 많이 팔린다면 예술가들이 어찌 열정을 갖지 않을 수 있겠는가.

격려의 예술

– 고수高手는 말로 하지 않는다

나는 낚시를 좋아하지 않는다. 그래서 낚시에 대해서는 아는 게 그야말로 물고기 비늘만큼도 없다. 낚시광들에게는 참 미안한 일이지만 왜 낚시를 그렇게 좋아하는지 이해하지도 못한다. 그러나 월산대군의 시조,

> 추강에 밤이 드니 물결이 차노매라
> 낚시 드리치니 고기 아니 무노매라
> 무심한 달빛만 싣고 빈 배 저어 오노매라.

예술이
약이다

를 비롯해 낚시를 노래한 문학 작품들 속에서 그 분위기를 어렴풋이 짐작하고는 있었다.

　　특히 바다낚시는 헤밍웨이의 '노인과 바다'를 떠올리게 한다. "내 생의 썰물이 온 듯하다. 하지만 나는 두렵지 않다. 바다 위에는 아름다운 달빛이 수놓아지고 있기에", "희망을 버리는 것은 어리석은 짓이다. 어리석을 뿐 아니라 그건 죄다."라는 구절을 기억해 낸다. 그리고 최남선의 '해에게서 소년에게'를 통해 바다에 대한 도전 의식을 떠올릴 정도였다. 그래서 나에게 바다낚시는 언제나 '위험'이란 단어와 겹쳐진다.

　　그런 내가 바다낚시를 가게 된 것은 참으로 우연한 일이었다. 내가 평소에 많이 좋아하는 어른이 바다낚시를 가자고 문자를 보내왔다. 그런데 가자고 하는 그 날은 야간에 강의가 약속되어 있었다. 그래서 갈 수 없다고 답장을 보냈더니 오후 4시에는 돌아온다는 문자를 보내왔다. 무슨 바다낚시를 그렇게 할 수 있나 싶었지만 낚시가 아니라 그 분과 함께 있을 수 있다는 게 좋아서 "그러면 오우 케이"라고 답장을 보냈다.

어떻게 아침에 대구에서 제주까지 가서 바다낚시하고 네 시까지 돌아올 수 있을까? 그러나 워낙 치밀한 분이라서 틀림없이 또 내가 놀랄 멋진 시간표를 만들어 놓았으리라 믿었다. 아침 7시 20분 제주행 비행기를 탔다. 제주 공항에 내리니 서울에서 온 일행 두 분이 더 있었다. 공항에서 어촌으로 가는 내내 그 어른은 바다낚시의 위험성을 얘기했다. 사계리라는 어촌에 내렸을 때 아니나 다를까, 낚싯배 한 대가 우리를 기다리고 있었다.

막상 준비된 배를 타려고 하니 내 복장이 말이 아니었다. 정말 바보처럼 바다낚시 간다고 했는데 낚시 생각은 조금도 안 하고 사람 만날 준비만 했을까. 하기사 내 목적은 낚시가 아니긴 하지만 말이다. 뙤약볕이 내려 쪼일 바다로 나가는데 모자 하나

예술이
약이다

준비하지 않았다. 바지는 다행히 블랙진을 입었지만 양복 재킷에다 구두를 신었다. 누가 봐도 낚시를 할 차림은 아니고 기껏해야 관광 배나 탈 수준이었으니 그야말로 물고기도 웃겠다.

그러나 낚싯배에 올랐다. 파도가 제법 출렁거리는 바다 위를 달리며 낚시 두 대를 드리웠다. 그냥 그렇게 배는 앞으로 나아갔고 이내 한쪽 낚싯대에 고기가 걸려들었다. 환호성을 지르며 바라보는데 아, 제법 큰 가다랑이가 잡혔다. 또 조금 가니 잡히고, 또 잡히고 또 잡혀서 네 마리나 잡았다. 그것을 일행 중 한 사람이 회를 뜨고 배 위에서 먹었다. 그 맛이야 이루 말할 수 없는 것이었다. 그 싱싱한 맛은 놀라기에 충분했다.

나로선 시간도 잊고 낚시에 정신을 쏟고 있는데 이 별난 어른이 그만 돌아가자는 것이다. 시계를 보니 11시. 바다로 나온 지 꼭 한 시간 만이었다. 나는 속으로 '이게 뭐야!, 이럴 걸 왜 오자고 했어,' 불만이었다. 좀 더 했으면 좋겠는 데 싶지만 이

리저리 시간을 대어보니 나가야 할 시간이 되었다. 들어오는 길에 네 마리나 잡았으니 나가는 길에 한 마리라도 낚여지겠지 기대하며 나는 낚싯줄을 손에서 놓지 않았다.

그러나 돌아가는 길인 줄 바다가 아셨는지 한 마리도 물리지 않았다. 부두에 배를 대고 그 자리에서 잡은 고기 모두를 회쳐서 술을 마셨다. 이름을 잊어버린 무슨 포도주였는데 어쨌든 두어 잔 마셨다. 갑자기 그 분은 노래를 불렀고, 그 노래는 내가 노래방에서 18번으로 부르는 조영남의 '옛 생각'이었다. 그 노래는 내 18번이라고 말하려는데 갑자기 또 내게 노래 한 곡을 부르라고 했다. 부탁하지 않아도 노래가 나올 참이었다.

내 입에서 튀어나온 노래는 박목월 시, 김성태 곡의 '이별의 노래' "기러기 울어에는 하늘 구만리, 바람도 싸늘 불어 가을은 깊었네. 아아 아아 너도 가고 나도 가야지"였다. 가을이 주는 쓸쓸함 때문이었는지 모르겠다. 내 노래가 끝나자 별난 그 어른은 나를 향해 "당신 만난 지 3년 지났는데 오늘에 당신의 남성성을 보았다."고 했다. 흥이 나서 부른 노래가 아니라 감상에 젖어 불렀는데 거기에서 뭔 남자다움이 보였겠는가. 그게 그 별난 어른의 화법이었다. 너무나 당연한 것들을 아주 이상한 방향으로 끌고 가서 엉뚱한 질문들을 던지곤 한다. 그게 참 매력적이긴 한데 더러는 당황스러울 때도 많다. 그런 어른을 미워하기 어렵다. 늘 무엇인가를 생각하게 만들기 때문이다. 화두를 던져주는 스님 같다는 생각이 들기도 했다. 그에 대한 나의 대응법은 '별난 질문에 별난 대답'이지만 나는 아직 그의 별남을 쫓아가지 못한다. 그야말로 하수다.

그렇게 내가 생전 처음 경험한 바다낚시는 끝났고, 분초를 다투며 제주 공항으로 와서 3시행 대구 비행기를 탔다. 잠시의 즐거움을 위한 긴 준비가 아쉽기만 했다. 이런 일도 할 수 있구나 싶다. 누가 이런 즐거움을 누릴 용기를 가진단 말인가. 별나

지 않으면 절대로 하지 못할 일이다. 그 짧은 즐거움을 위하여 많은 시간과 경비를 들이기는 정말 쉽지 않은 일이다. 좋은 것은 언제나 짧다는 것을 경험케 했다.

비행기를 타고는 이내 잠에 골아 떨어졌는데 비행기에서 내려 휴대폰을 켜 문자를 보니 같은 자리에서 잠만 자던 그 분이 언제 문자를 보냈는지 "오늘 내가 너무 심했나?"라는 문자가 들어왔다. 피식 웃었다. 스스로도 너무 심했나 싶은 생각을 한 모양이다. 한참의 시간을 보내고 내가 보낸 문자는 "아뇨, 신선하고 짜릿했습니다." 정말 그랬다. 낚시하는 시간이 짧아서 더 짜릿했던 것이다.

바다낚시, 이제 누가 바다낚시를 가지고 권하면 따라가고 싶다. 바다가 좋았다. 그 출렁거림이 좋았다. 인생도 그렇지 않을까, 늘 고여만 있을 것이 아니라 출렁거림이 있어야 신나는 삶이 아닐까, 여기까지만 생각하면 하수, 그 날의 바다낚시는 그게 아니었다. 고수의 가르침이었다. 그 어른이 남성성 운운하면서 내게 하고 싶은 말은 도전의식을 가지라는 것. 그 뜻을 늦게 깨달았다. 나는 또 그 어른에게 한 방 먹었다.

고독의 예술

감나무 너른 잎에 서걱이는 바람 소리
물소리도 섥은 소리 여름 옷섶 파고든다.
어쩌자고 이 땅에 가을은 다시 와서
가진 것 없는 마음 서럽게 하는가.

　이 4행의 시는 나태주 시인의 '어쩌자고'라는 작품 전문이
다. 언제 읽었는지 기억할 수 없지만 그 유연한 가락과 가을을
맞이하는 분위기 때문에 가을이 올 무렵 내가 즐겨 읊조리는

작품이다. 시 속의 계절도 이 무렵, 즉 여름의 끝자락이거나 가을의 초입이다. 이렇게 가을이 오고 있다. 여름이 가고, 가을이 오면 무엇을 해야 하나. 봄, 여름 보내고 정말 거둘 것 없고, 가진 것 없는 마음에 가을이 오면 어떡해야 좋을지, 푸르던 잎 단풍 들어 뚝 뚝 떨어지면 그 때 어떡할 것인가. 가을은 지는 잎으로 하여, 아니 서늘한 바람으로 하여 모든 사람들이 시인이 되는 계절이다. 단풍 들고 잎 지는 가을에 어찌 무심할 수 있으랴.

시인 김현승은 가을에 이런 기도를 올리지 않았던가.

가을에는 기도하게 하소서…
낙엽들이 지는 때를 기다려 내게 주신
겸허한 모국어로 나를 채우소서

가을에는 사랑하게 하소서……
오직 한 사람을 택하게 하소서

가장 아름다운 열매를 위하여 이 비옥한
시간을 가꾸게 하소서

가을에는 호올로 있게 하소서……
나의 영혼
굽이치는 바다와
백합의 골짜기를 지나
마른 나뭇가지 위에 다다른 까마귀 같이

– 김현승 '가을의 기도' 전문

　그래, 가을에는 우리 모두 조금 쓸쓸해져 보자. 쓸쓸함에 눈물만 있는 것은 아닐 것이다. 그 쓸쓸함 혹은 고독에는 내 영혼을 성숙하게 하는 당의정 한 알 들어 있을지도 모른다. 고독해 보지 않고서야 어찌 인생을 말할 수 있으며, 또 사랑을 말할 수 있을 것인가. 가을은 정말 고독해지기 좋은 계절이다. 그래서 선인들은 가을을 사색의 계절이라고 이름 붙이지 않았던가.

괴테가 "인간은 사회 속에서 모든 것을 배울 수 있을 것이다. 그러나 영감을 받는 것은 다만 고독할 때 뿐"이라고, 고독을 찬양하기도 했다. 그럴지 모른다. 인간의 내적 성숙은 어쩌면 고독의 열매일지도 모른다. 몽테뉴가 그의 수상록에서 "고독한 생활의 목적이란, 보다 더 유용하게 보다 더 마음대로 지낸다는 단 하나라고 믿는다."고도 했다. 고독을 겪고 나면 아니 고독 속에서라도 우리는 또 다른 세상을 만나게 될 것이라고 일러주지 않는가.

일부러 고독해지고 싶지 않아도 고독하다면 그럴 때는 누군가의 이름을 불러 보자. 철수라도 좋고 순이라도 좋다. 그 이름을 부르며 속삭여 보자.

시몬, 나무 잎새 져버린 숲으로 가자
낙엽은 이끼와 돌과 오솔길을 덮고 있다.
시몬, 너는 좋으냐. 낙엽 밟는 소리가?
낙엽 빛깔은 정답고 모양은 쓸쓸하다
낙엽은 덧없이 버림을 받고 땅위에 있다.

시몬, 너는 좋으냐. 낙엽 밟는 소리가?
해질녘 낙엽 모습은 쓸쓸하다
바람에 불려 흩어질 때
낙엽은 상냥스러이 외친다.

시몬, 너는 좋으냐. 낙엽 밟는 소리가?
가까이 오라
우리도 언젠가는 낙엽이리라
가까이 오라. 벌써 밤이 되었다
그리하여 바람이 몸에 스며든다.

시몬, 너는 좋으냐, 낙엽 밟는 발자국 소리가?

– 구르몽 '낙엽'에서

이렇게 읊조리며 가을 숲길을 걸어보자. 낙엽 밟는 발자국 소리가 좋으냐고, 좋으냐고 자꾸 물으며 누군가와 함께 가을 저녁을 걸어 보자. 그 때 우리는 이 시의 '우리도 언젠가는 낙엽이리라' 라는 구절이 시구가 아니라 내 삶인 것을 깨달을 수 있으리라. 그렇다. 이것이 우리가 가을맞이를 위해 준비해야 할 것들이다. 가을엔 앞날만을 바라보지 말고 지나간 날들을 더듬어 보아야 할 시간인지도 모른다. 그래서 김현승 시인은 가을의 이 시간을 '비옥한 시간' 이라고 하지 않았는가.

골목 예술

  골목에 시와 음악이 흐른다. 꿈과 같은 이 낭만은 정말 꿈만
이 아니고 낭만만이 아니다. 대구광역시가 2008년에 복원 개
관한 민족시인 이상화 고택이 있는 골목길에서 시인의 시가 낭
송되고 지역의 성악가들과 연주자들이 연주하는 음악이 흐른
다. 공연장이 아니다. 그야말로 골목길이다. 골목길에서 무슨
공연이 제대로 이루어졌겠느냐는 의문을 가지는 사람도 있을
테지만 골목 연주장의 모습은 말로 설명하기 어렵다.

중구 계산동 시인 이상화 고택과, 국채보상운동을 앞장서 벌였던 서상돈 선생의 고택은 골목길을 사이에 두고 있다. 그 사이에 넓지 않은 공터가 있어, 서상돈 고택 사랑채의 처마 밑에 현수막을 걸고, 낮은 무대를 만들었다. 골목길에는 플라스틱 의자가 놓이고…… 그런 공연장이었다. 그러나 대형 공연장에서 만나기 어려운 시인을 만나고 대형공연장에서 만나기 결코 쉽지 않은 성악가와 연주자를 만날 수 있었다.

대구광역시가 주최하고 대구문인협회가 주관 '시민과 함께 하는 시·음악회' 라는 타이틀로 2008년 6월부터 진행해 왔다. 필자가 주관한 행사에 대해 내 스스로가 긍정적인 평가를 내리는 것은 결코 바람직한 일로 보기 어렵지만, 필자는 이 행사에 보내던 시민들과 언론의 관심을 모른 척하고 있을 수 없었다. 방송에서 많은 인터뷰를 했고, 타 지역 방송국에서도 골목 현장까지 찾아오고 서울의 '여성신문' 사에서도 이 행사에

관한 좌담회를 가질 정도로 관심을 보였다.

주민들이 나와서 시를 낭송하고, 음악을 듣기도 하고 함께 노래를 부르기도 하며, 즉석에서 삼행시 짓기도 하여 푸짐한 상품들도 나눠주었다. 공연장에 가는 것처럼 옷차림에 신경쓰지 않아도 좋고 초저녁 골목길을 어슬렁거리는 기분으로 와도 전혀 어색하지 않은 곳이다. 이런 골목 공연을 통해 예술이 결코 멀리 있는 것이 아니라 우리 생활 속에 있다는 것을 증명해 보이고 싶었다.

문화도시는 이렇게 가꾸어 가는 것이다. 눈에 보이는 대형 공연장을 지어서 제대로 운영하지도 못하면서 행, 재정적 낭비를 하는 것이 아니라 골목길에서 순수 예술 공연을 볼 수 있는 기회를 만드는 것이다. 멀리 있는 예술을, 시민 곁으로 끌고 와야 하는 것이다. 대공연장에만 순수 예술 공연이 있는 것이 아니라 문밖에만 나가면 골목에서 순수 예술 공연이 펼쳐진다면 그 누가 예술의 도시라고 말하지 않겠는가.

동네 공원에서도 문화 행사를 잘 기획하면, 주민들에게 행복감을 줄 수 있다는 사실을 확인한 바도 있다. 국채보상기념공원에서 중구청이 주최한 '영화 음악회'가 끝나고 나서 나오는데, 30대 중반쯤으로 보이는 자매가 "언니야, 내년에도 꼭 오자."라며 일어서는 것을 보았다. '그래, 문화 행사는 바로 이거다.' 보고 일어서면서 다시 오고 싶은 생각을 갖도록 해주는 것 말이다.

그런 생각을 하면서 순수 예술 공연을 좋은 목적으로 개최해 놓고 참여하는 사람이 적어 가슴 태우던 것을 기억한다. 그 때 심정은 겪어보지 않은 사람은 모른다. 행정기관에서 특히 그러하지만 행사의 목적이나 질에는 별로 관심이 없고 사람만 많이 모이면 성공한 행사로 평가하고, 행사가 의미있는 것이라 해도 사람 수가 적으면 제대로 되지 않는 행사로 보기 때문이다.

문화 도시는 일시에 이루어지는 것이 아니다. 시민의 의식도 향상 되어야 하고 무엇보다도 경제적으로도 안정되어 여가를 어떻게 보낼 것인가 하는 고민을 할 수 있는 정도가 되어야 획기적인 발전을 할 수 있을 것이다. 따라서 그런 분위기가 정착될 때까지 다수 시민을 위한 예술 공연이 많이 기획되도록 시 정부가 많은 노력을 기울여야 한다. 이제 문화와 예술에 관한 관심을 가지지 않고는 주민의 뜻을 온전히 받든다는 것은 거짓말이 되는 것이다

순수예술과 대중예술에 차이가 있지만 순수와 대중의 퓨전을 중심으로 하는 공연 기획들이 이루어져야 시민이 예술에, 예술이 시민에 가까이 가는 길을 만들 수 있을 것이다. 우리 삶의 진리가 공중에 매달린 것이 아니라, 우리의 발끝에 있고, 예술 또한 먼 나라 이야기가 아니라 우리 동네 우리 골목에서 만날 수 있는 것이란 인식을 심어야 한다.

작위와 훈장의 거부

　　영국에서 최고 영예로 여겨지는 왕실의 작위 (공작, 후작, 백작, 자작, 남작)와 훈장 (기사 ,OBE 등)을 거부한 인사가 지난 40여년간 277명에 이른다는 보도가 나왔다. 그러니까 평균을 내면 1년에 7명 가까이가 된다. 영국 정부는 서훈을 거절한 이가 있어도 이것이 개인적인 선택의 문제라는 이유에서 신상을 불문에 부쳐왔는데, 시민단체들이 정보 자유법에 의거해 15개월 동안 끈질기게 자료를 요구해 공개되었다.

277명 중 대부분이 예술인이었다는 사실이 놀랍다. 디스토피아 소설의 걸작 '훌륭한 신세계'를 쓴 올더스 헉슬리, '제3의 사나이'를 쓴 그레이엄 그린, 화가 루치안 프로이트, 조각가 헨리 무어, 멘체스터 공업지역을 주로 그린 화가 LS 라우리는 무려 5번이나 작위를 거부했다. '새', '사이코' 등으로 유명한 영화 감독 히치콕은 1962년 대영제국 훈장을 거절했다가 1980년 사망 직전 작위를 받기도 했다.

　　적지 않은 사람들이, 아니 예술가들이 국가가 주는 작위와 훈장을 거부한 이유가 무엇일까? 매우 궁금한 사항인데 그 이유는 분명히 밝혀지지 않고 있다. 그러나 예술계 인사들이 명단의 대부분을 차지한 것으로 보아 권력에 저항하고, 작위나 훈장을 구시대적 유산으로 간주하는 자유분방한 기질이 발휘했을 것이란 분석이 지배적이라고 하니 예술가들의 정신이 살아있음을 보여주는 일이다.

그러나 일부 밝혀진 내용을 보면 소설 '찰리와 초콜릿 공장'으로 유명한 로알드 달은 1986년 대영제국 훈장을 거부했는데, 그는 기사 작위를 받아 자신의 아내도 레이디란 칭호를 받기 원했는데 훈장이 주어지자 이를 거절했고, 인도 총독을 지낸 루이스 마운트 배튼은 처음 제안받은 남작 계급이 너무 낮다고 거절해, 이후 한 단계 높은 자작 작위를 받기도 했다. 짐 캘리헌 전 총리의 아내 오드리는 1979년 작위를 제안받았지만 이를 거부했는데 당시 남편이 대처가 이끄는 보수당과 치열한 선거전을 치르고 있었는데, 작위가 선거에 도움이 안 된다고 판단해 거절했다.

이런 이유들을 살펴보면 그리 훌륭한 일도 아니다 라는 생각이 들기도 하지만, '태양의 제국'으로 유명한 소설가 J,G. 발라드는 2003년 훈장을 거부하며 "실체도 없는 왕실이 주는 메달이 무슨 의미가 있느냐"고 했다. 받았던 작위나 훈장을 포기

하는 경우도 있었는데 비틀즈 멤버 존 레넌은 1965년 받은 훈장을 영국군의 나이지리아 내전 개입에 대한 반대 의사 표시로 4년 후 반납하기도 했다. 그리고 보면 분명한 의사 표시의 수단으로 사용하기도 했지만 정의와 순수에 대한 열정이 읽힌다.

필자의 경우도 예술단체장을 역임하면서 이런 저런 상을 추천하는 일이 있었는데 추천을 사양하는 사람들을 만날 수 있었다. 네 사람이 있었는데 두 사람은 설득해서 받도록 했고, 두 사람은 끝내 상을 주지 못했다. 이분들이 사양한 이유는 "받을 자격이 없다.", " 받고 구설수에 오르내리기 싫다."는 분도 있었지만, 그들은 충분히 상을 받을 자격이 있는 사람들이었다. 그렇고 그런 상이 아니라 상금도 있고 품격 있는 상이었다.

이런 일을 겪으면서 참 기분이 좋았다. '우리 예술계는 그래도 괜찮은 곳이야.' 라고 중얼거려 보기도 했다. 상을 거부하는 일을 무조건 훌륭한 일로 치부하기만은 곤란하지만 그래도 아

름다운 일 아닌가. 자기보다 더 나은 사람에게 주라고 하는 겸
손의 미덕이 있는 곳이 예술계가 아닌가 생각되는 것이다. 더
러는 예술계에서도 상 때문에 정말 듣기 곤란한 말을 들을 때
도 있다. 그렇지만 그런 사람들보다 예술 자체에 더 관심을 두
는 예술인이 많다는 것은 우리의 미래를 위해 얼마나 다행한
일인가. 수상을 사양한 분들의 얼굴을 떠올리며 그 정신의 고
귀함을 다시 우러러 본다.

왕수와 미셸 아자나비슈스

예술가들은 늘 미래를 꿈꾼다. 지금까지 이 세상에 없었던 것을 창조하는 것을 최대의 사명으로 생각하며 산다. 그야말로 자나 깨나 새로운 것을 찾으려 온갖 몸부림을 친다. 그러나 새로운 것만이 전부가 아니라는 사실이 최근의 예술계에서 증명되고 있다. 그 하나는 건축계의 노벨상이라고 불리는 '프리츠커'상 수상자로 중국의 건축가 왕수가 선정된 것이고, 다른 하나는 미셸 아자나비슈스 감독의 영화 '아티스트'가 2012 아카데미 영화제에서 5개 부문의 상을 휩쓴 것이다. 프리츠커 상은 1979년 미국의 프리츠커 가문이 소유한 호텔 그룹 하얏트 재단이 선정해 매년 시상하는 건축상으로 국제적인 권위를 갖고 있다. 안도 다다오, 자하 하디드, 노먼 포스터 등 세계 유명 건축가들이 이 상을 수상했다. 이런 국제적인 상을 국제 건축계에서 무명이나 다름없는 순수 중국 건축가가 수상했다는 점 때문에 세계 건축계는 이 사실을 하나의 사건으로 받아들이고 있다. 왕수가 이 상을 받게 된 것은, 중국적 재료인 회색 전돌과 나무를 주로 쓰는 등 중국의 전통을 건축에 접목했다는 것이 높은 평가를 받았기 때문이다.

그의 작품인 중국예술학교 샹산 캠퍼스를 지을 땐 철거한 전통 가옥에서 나온 기와 200만 장을 신축 대학 건물의 지붕을 덮는 데 사용했다. 이 상의 심사위원장은 "건축에 있어 과거와 현재의 관계가 어느 때보다 중요한 시점이며, 중국의 도시화

과정에서 건축이 전통에 기반을 둬야 할지 미래지향적이어야 하는지에 대한 논쟁이 일고 있다."며 "왕수의 작업은 지역의 건축적 맥락에 깊이 뿌리내리고 있으면서도 보편성을 띠고 있어 이런 논란을 초월했다."는 배경을 밝혔다.

영화 '아티스트'는 어쩌면 참 무모한 예술가의 집념이라고 볼 수도 있다. 3D 영화들이 판치는 21세기에 느닷없는 흑백 무성영화라니, 모두 놀라워하지 않을 수 없다. 그러나 이 영화가 아카데미 영화제에서 감독상, 의상상, 음악상, 작품상, 남우주연상을 휩쓸게 되자 많은 사람들이 놀라움으로 받아들였다. 영화가 개봉되자 평단의 반응은 굉장했다. '아티스트'는 액션, 웃음, 눈물, 그리고 또 다른 세상을 경험할 수 있는 기회까지, 우리가 영화를 보러 가는 모든 이유를 집약하고 있다는 평가를 내렸다. 언론들도 위대한 영화에서 발견할 수 있는 모든 것이 담긴 매력적인 작품! 이라고 평하고 있고, 나이, 성격, 취향을 떠나 모든 이들에게 손색없는 최고의 선물 같은 영화라고 극찬하고 있다.

왕수의 건축 작품은 볼 수가 없어 신문에 난 샹산 캠퍼스 사진으로 만족할 수밖에 없지만 영화 '아티스트'는 비가 내리는 봄밤에 서둘러 영화관을 찾아가 보았다. 도대체 어떤 영화이길래 이런 반응을 얻고 있는가가 궁금했기 때문이다. 영화를 보면서 저절로 빨려 들어갔다. 배우들이 대사를 말하지 않는 영화, 아카데미 영화제에서 음악상을 받은 것에서 증명되듯이 음악이 대단했다. 처음엔 다소 적응이 안 되는 듯 했는데 초반을 넘어가면서 대화하지 않아도 그 말들이 짐작되었고, 언어를 음악이 대신해주는 듯한 묘한 기분을 느꼈다.

이렇게 건축과 영화 두 부문에서 보편성을 바탕으로 한 전통 중시의 작품들이 주목받고 있는 것은 예술계에도 중요한 화두를 던져주고 있다고 생각했다. 지난 것은 무조건 지나가버린 것, 그래서 쓸모없는 것이 아니라 보편성을 바탕으로 한 접근으로 사람을 감동시킬 수 있다는 사실을 증명했기 때문이다. 위대한 예술가는 결국 사람을 감동시킬 수 있는 지혜를 가진 사람들이다.

새로운 것만이 전부가 아니라 전통을 중시하고, 보편적 주제인 사랑을 통해, 이미 있었던 방법을 가지고 놀라움을 줄 수 있으니 그게 참으로 놀라운 것이다. 아직도 우리는 건축이 예술인 것을 의아해 하는 사람이 적지 않고, 3D 영화라야 볼만 할 것이라는 생각을 가진 사람이 적지 않은데, 그런 편견이 얼마나 무지한 것인가를 분명하게 깨닫게 해주었다.

정경화와 백혜선의 연주회

흔히 이르는 대가, 그들은 과연 어떤 사람들일까? 사전적으로는 '어떤 분야에서 아주 뛰어난 사람으로 인정받으며 영향을 미치는 사람'을 가리킨다. 2012년 3월 대구에서는 세계적으로 대가로 인정받는 두 사람의 연주회가 열렸다. 대구에서 쉽게 만날 수 있는 무대들이 아니어서 연주회는 대단히 기대되었다. 화요일에 정경화 바이올린 독주회가 문화예술회관에서, 금요일엔 백혜선의 피아노 독주회가 수성아트피아에서 열린 것이다. 그야말로 대가는 역시 대가라는 말이 감상 후기가 될 수 있을 뿐이다.

정경화는 '모차르트 바이올린 소나타 33번 E flat 장조 KV 481', '베토벤 바이올린 소나타 7번 C 단조 Op.30-2', '프로코피예프 바이올린 소나타 1번 F 단조 Op.80' 등을 연주했는데 내게는 매우 어려운 곡들이었다. 그러나 곡을 이해하지 못한다 해도 연주에 빠져들 수 있었고, 그가 뜯는 현에서 눈을 뗄 수 없었다. 그리고 연주장의 분위기도 참으로 많은 것을 느끼게 했다.

연주 중에 참고 있던 청중들의 기침 소리가 악장과 악장 사이에 터져 나오자 연주를 잠시 멈추고 묘한 웃음을 보내주던 연주자, 그 웃음이 있고 난 뒤 다음 악장이 끝나고는 기침 소리가 훨씬 적어지던 것, 그것이 대가들이 가지는 힘이라고 느꼈다. 그 어떤 말 한 마디 없이 오로지 바이올린과 피아노의 선율

예술이
약이다

이 울려 퍼졌을 뿐이다. 그 누구도 그 위대한 순간을 방해하지 않으려고 기침을 참아내는 청중들, 사랑과 기침은 숨길 수 없는 것이라고 하는데 그게 아마 대가를 맞이하는 자세이기도 하리라. 젊은 시절 '현의 마녀'라는 별명을 얻었듯이 안정된 테크닉은 그녀가 세계 정상의 연주자라는 것을 다시 한 번 확인시켜 주었다.

수성아트피아의 백혜선 피아노 독주회는 '드뷔시의 영상', '메시앙 꾀꼬리(새의 카탈로그 중)', '베토벤 소나타 31번' '쇼팽 전주곡 24개 전곡'이 연주되었다. 연주 시간만 75분, 백혜선 피아노 악보대에는 악보가 없었다. 짧지 않은 시간의 악보를 다 외워서 연주를 했다. 그것만으로도 대가의 힘을 느끼게 했다. 악보를 보지 않고 연주를 한다는 것은, 자신감이고 그런 자신감을 키우기 위해 얼마나 많은 연습 시간이 필요했겠는가. 그의 손가락 끝 아니 전신이 이끌어내는 피아노 연주는 청중들의 숨소리까지 다 받아들이는 것 같았다.

공식 연주가 끝나고 관중들이 보내는 박수에 답하기 위해 커튼콜을 세 번이나 받아준 대가의 가슴은 참으로 넓었다. 더욱 앙코르 곡을 연주하기 전에 드뷔시 불후의 명곡 '달빛'에 영감을 준 폴 베르렌의 '달빛'이란 시를 낭송했을 때 청중들은 참으로 놀라워했다.

> 당신의 영혼은 선택된 풍경
> 그 위에 가면들과 베르가마스크가 매력적으로 보이네
> 튜트를 연주하고 춤을 추며
> 마치 환상적인 분장 아래 슬픈 듯이
>
> 단조에 맞추어 노래하면서
> 사로잡은 사랑과 편안한 삶을
> 그들은 행복을 믿는 기색이 없다오

다만 그들의 노래만이 달빛 속에 흐르네

슬프고도 아름다운 조용한 달빛 아래
새들은 나무 위에서 꿈을 꾸며
분수는 황홀경에 흐느끼네
대리석 사이의 멋진 큰 분수가…

그 모습은 참으로 아름다웠다. 피아니스트가 피아노 연주가 아닌 시 낭송을 무대에서 갖는다는 것, 그 발상 자체가 신선했다. 더욱이 드뷔시의 '영상'을 처음 연주했는데 그런 분위기를 연주회에서 끝까지 지속시켰다. 그렇게 세심한 계획을 한다는 것은 청중에 대한 얼마나 알뜰한 배려인가. 그야말로 대가는 그냥 대가가 되는 것이 아니었다. 백혜선이 진정성이 동반된 독창적인 아이디어와 뜨거운 열정 속에 깊은 서정성이 함축된 표현으로 연주회 때마다 감동을 주는 연주자로 자리매김 되는 이유가 바로 이런 자세이구나 싶었다.

　대구의 봄밤을 뜨겁게 달군 대가들의 연주, 대구 예술계에 준 영향이 적지 않았으리라. 대가가 되기까지 그들이 쏟았을 피땀을 생각하지 않을 수 없다. 예술은 그렇게 예술가의 피땀으로 피어나는 꽃일 수밖에 없는데….

　스스로에게 참 부끄러운 봄밤들이었다.

사물놀이와 B 보이

‘사물놀이’는 우리의 전통적인 풍물놀이에서 왔고, ‘B 보이’는 미국에서 들어온 것이다. 그 기원을 살펴보자. 풍물놀이는 꽹과리, 징, 장고, 북의 네 가지 악기와 나발, 태평소, 버꾸 등의 악기를 기본으로 구성하여 악기 연주와 몸동작, 그리고 진을 구성하여 하는 놀이와 연희를 함께 지칭한다. 대표적 풍물놀이로는 마을에서 하던 마당놀이를 들 수 있다.

풍물놀이는 놀이뿐만 아니라 전통적으로 정초에 지신밟기

따위의 액막이굿을 하며 우물을 도는 샘굿도 했다.

이렇게 풍물놀이는 농촌에서 부락민의 오락과 신앙, 기타 공동생활의 중심을 이룬 전통적인 민족놀이로 볼 수 있다. 사물놀이는 풍물놀이에서 사용되는 여러 악기 중 꽹과리, 징, 북, 장구 네 가지 악기로 연주하도록 편성된 것이다. 1978년 최초로 사물놀이라는 이름으로 창단된 연주단에 의해서 시작되었다.

김덕수 사물놀이패가 그 원조가 된다. 그 후 사물놀이는 유엔 가입 기념으로 유엔 총회에서 서양교향악과 협연, 세계적으로 널리 알려지는 계기를 만들었고 해외 공연도 많이 이루어져 우리의 전통을 세계에 홍보하는데 크게 기여해왔다.

B 보이는 1970년대로 거슬러 올라간다. 당시 흑인이 지배하던 뉴욕에 히스패닉계(미국주민에 속하며 스페인어를 쓰는 사람) 가 몰려들기 시작했다.

남미 경제가 피폐해져 미국으로 불법 이민하는 히스패닉계가 급증했기 때문이다. 따라서 흑인과 히스패닉계 사이에는 패권 다툼이 벌어질 수밖에 없었다. 당시 그들에게 유일한 흑인 문화로 힙합이 유행하기 시작했다.

힙합은 비트가 강한 음악과 브레이크 댄스(힙합 댄스를 특징 짓는 춤의 일종)의 빠른 동작으로 춤을 추는 것이다. 이들은 서로서로 상대구역으로 몰려가 춤사위를 벌이기도 했는데 상대편의 기를 죽여 압도하기 위하여 온갖 기교로 연출하다보니 묘기에 가까운 춤동작이 나왔다. 이것이 B 보이의 기원이다.

그들은 패권다툼을 벌이고 있었지만 춤출 때만은 총질이나 칼부림을 하지 않기로 묵계를 맺었다니 그만큼 춤을 중시했다. B 보이는 이렇게 폭력의 공포 속에서 태어나 거칠 수밖에 없지만, 평화와 안식을 갈구하고 폭력과 가난의 질곡으로부터 벗어나려는 자유 의지가 담겨있다는 평가를 받고 있다.

이렇게 다른 배경을 갖고 출발한 것들이 한 무대에 오르면 어떻게 될까? 이상할까? 새로울까? 사물놀이는 음악이고 B 보이는 춤이라고 분류하긴 조심스러운 면이 없지 않지만, 춤과 음악이라고 분류하면 잘 맞아떨어질 수도 있겠다. 어쨌든 B 보이를 사물놀이와 결합시켜 보겠다는 것은 참으로 신선한 발상이 아닐 수 없다.

2012년 6월 5일 대구문화예술회관 팔공 홀에서 열린 'B 보이와 함께 하는 노름마치 – 소통' 공연은 사물놀이와 B 보이가 완벽하게 조화되는 모습을 보여주었다.

한국의 전통 음악을 바탕으로 한 사물놀이와 미국 태생의 B 보이 춤, 그 조화가 정말 믿겨지지 않을 정도였다. 공연 중에 못된 버릇으로 점잔을 빼며 가만히 앉아 있으려 해도 노름마치가 두드려내는 사물놀이 장단은 어깨를 들썩이게 했고, B 보이 댄스그룹 '고릴라크루'는 손에 땀을 쥐게 하는 스릴을 안겨주었다. 사물놀이와 B 보이가 만날 수 있을 것이라고 생각할 수

예술이
약이다

는 있겠지만 실제로 무대에 올리는 것은 쉽지 않았을 터인데 참 멋진 공연이었다. 공연을 보며 예술엔 정말 국경이 없다고 혼잣말을 중얼거리기도 했다.

사물놀이의 원조인 풍물놀이도, B 보이의 원조인 브레이크 댄스도 평화를 바라고 놀이를 즐기려는 인간의 원초적 감정이 예술의 형태로 드러난 것임을 알 수 있다. 그 근본적인 배경이 같기 때문에 음악과 춤으로 연결되고 그것들은 아름답게 결합될 수 있는 것이다. '노름마치, B 보이와 함께하는 소통 콘서트'라는 공연 주제가 확실하게 보였다. 아름다운 소통이었다. 그야말로 예술이었다. 예술은 인간에게 위로를 주는 것만이 아니라 이렇게 서로 다른 것들을 소통시키는 역할을 맡기도 하는 것이다.

탄생 100주년 문인

5월, 참 가슴 부푼 계절이다. 어디에선가 힘이 솟구치는 그런 계절이다. 독일의 대시인 하이네는 '아름다운 시절 5월에'라는 시에서

온갖 싹이 돋아나는
아름다운 시절 오월에
내 가슴속에서도
사랑은 눈을 떴소

온갖 새가 노래하는
사랑의 시절 5월에
사랑을 참다못해
임께 나는 하소연 하였소.

　라고 노래하기도 했다. "사랑을 참다못해 임께 나는 하소연
하였소."라는 시구가 5월의 힘을 느끼게 한다.
　아름다운 계절이라 5월을 꾸미는 말이 많다. 가정의 달, 감
사의 달, 등등 어린이날에서부터 어버이날, 스승의 날, 석가탄
신일까지 정말 감사하고 감사해야 할 일들이 많은 5월이다. 어
버이와 스승, 그리고 성인聖人에 이르기까지 그들이 있어 오늘
의 우리가 삶을 누릴 수 있다. 그렇지만 어리석게 알고 있기는
해도 그 고마움을 생활에 담지 못하는 경우가 적지 않다. 5월
은 정말 감사하고 감사해야 할 달이다.
　예술인들에게도 스승은 다 있는 법이고 만나진 못했어도 작

품을 통한 마음속의 스승이 또 있기 마련이다. 문학의 경우 금년 5월에 생각해보고 싶은 예술인은 2012년 탄생 100주년을 맞는 문인들이다. 금년이 100주년이면 1912년생들이다. 1912년이라면 일제강점기, 그들은 참 험악한 시대에 태어났다. 김용호, 백석, 설정식, 이호우, 정소파 시인이 그들이다. 일제강점기라는 암울한 시대 상황에서 모국어를 갈고 닦은 시인들이다.

　김용호 시인은 개인과 공동체의 조화로운 소통을 추구한 시인으로 평가되고, 백석 시인은 한국 시인들이 가장 사랑하는 시인으로 꼽힌다. 1988년 해금된 뒤에 500편 이상의 연구 논문이 쏟아져 나올 정도로 문학 연구자들의 뜨거운 관심을 받았다. 설정식은 연희전문을 졸업하고 미국 마운트유니언 대학, 컬럼비아 대학에서 유학한 당대 엘리트로 치열한 현실의식을 시로 표출했다. 청도 출신의 고 이호우 시조시인과 살아서 100주년을 맞는 정소파 시조시인은 해방이후 시조문학의 새 미학

예술이
약이다

적 지평을 개척한 시인들로 평가받는다.

100년을 사신 정소파 시인의 인터뷰가 눈길을 끈다. "100세가 됐다는 사실에 특이한 감정을 느끼지는 못합니다. 늘 하던 대로 작품을 쓰고 읽고 싶을 뿐이지요."라는 말이 참으로 담담하게 느껴진다. 필자도 만나 뵌 적이 있는데 이 말씀을 듣고 보니, 시인의 작품 '설매사雪梅詞'가 떠오른다.

> 어느 녘 못 다 버린 그리움 있길래로
> 강파른 등걸마다 손짓하며 짓는 웃음
> 못 듣는 소리 속으로 마음 짐작 하느니라.
>
> 바위 돌 틈바구니 뿌린 곧게 못 벋어도
> 매운 듯 붉은 마음 눈을 이고 피는 꽃잎
> 향 맑은 내음새 풍김 그를 반겨 사느니라.
>
> 꽃샘바람 앞에 남 먼저 피는 자랑!

벌 나비 허튼 수작 꺼리는 높은 뜻을
　　　우러러 천 년을 두고 따름직도 하더니라.

　이호우 시인은 가까이에 있었으면서도 뵙지 못해 늘 안타까이 생각되는 분이시다. 청도에서 태어나셨고 대구에서 활동하셨다. 생전에 창립했던 영남시조문학회 '낙강'은 지금까지도 선생의 뜻을 이어오고 있다.

　필자는 선생의 작품을 애독했고 외우는 작품들도 수 편 있을 정도로 존경하는 시인이다. 특히 선생의 '길'이란 작품은 마음을 다스리는 글로 생각할 정도로 많이 소개하기도 하고 암송하기도 한다.

　　　이미 한 여인을 잊어도 보았으매
　　　일찍 여러 벗들을 보내기도 하였으매
　　　이제 내 원수와 더불어 울 수 조차 있도다.

여우도 토끼도 산은 한 품에 안고
비록 더러운 흐름도 바다는 다 걷웠으라
이제 내 희느니 검느니 묻자 하지 않도다.

한번 우러르면 한 가슴 푸른 하늘
밤이면 별을 사귀고 낮이면 해를 믿어
이제 내 홀로의 길도 외다하지 않도다.

　　모든 이에게 부모가 있고 스승이 있다. 평소엔 정말 사느라
생각하지 못한다 하더라도 5월엔 부모님을 스승을 생각해보는
날들이 되었으면 좋겠다. 우리 모두가 부모 마음, 스승의 마음
을 조금이라도 생각하고 산다면 우리 사는 세상은 훨씬 더 밝
아질 것이다.

고속도로 휴게소의 백남준 전시회

여행하면 이내 연상되는 단어들이 길, 차, 그리고 휴게소다. 나는 고속도로를 긴장해 달리다가 휴게소에 들러 커피를 마시거나 군것질 하는 것을 무척 즐긴다. 고속도로를 가다가 휴게소가 있는데도 들리지 않고 가는 사람은 나쁜 사람이라는 농담을 하기도 한다. 여행이라는 것이 보통 목적지를 정해놓고 바쁘게 가지만 도착하면 기대에 미치지 못하는 경우가 많다. 그래서 여행은 가는 길 그 자체이기도 하다.

2008년 어느 토요일에 문경 하늘재에서 열리는 여름 시인학교와, 일요일 김천 직지사에서 열리는 백수 정완영 전국 시조 백일장에 참석했다. 금요일 저녁의 시민과 함께 하는 시 · 음악회 등 연이은 행사로 몸이 많이 지쳐 있었다. 행사들을 다 마치고 김천에서 대구로 들어오는 길에 칠곡 휴게소에 들렀다. 며칠 부족했던 잠이 밀려왔다. 대구까지 운전하기 힘들 정도가 되어 차안에서 잠시 눈을 붙이기로 했다.

두어 시간을 잤을까, 잠이 깼는데 건물 벽에 'Free 5'라는 글자가 들어왔다. 저게 뭔가 들여다봤더니 화가와 그림이야기, 샤워실, 수면실, 안경세척, PC 지원 등이었다. 칠곡 휴게소에서 손님들을 끌기 위해 하는 서비스인가 보다 라며 대수롭잖게 생각했다. 차에서 내려 뭘 좀 먹을까 하고 식당 안으로 들어서는데 샤워실과 수면실이라는 안내판이 눈에 띄었다. 문을 밀고 들어서다가 그만 두었다.

식당을 나와 사람들이 붐비는 듯한 곳으로 발길을 옮겼는데, 이런, 세계적인 비디오 아티스트 백남준 특별전이 열리고 있는 것이다. 백남준의 비디오, 그 첫 작품으로 알려져 있는 '글로벌 글로버', '비디오 첼로'라는 비디오 작품과 그림, 판화, 조각 등 모두 30여 점이 전시되고 있는 것이다. 놀라웠다. 그 놀라움은 백남준의 작품도 작품이지만 고속도로에서 이런 전시회가 열린다는 데 있었다.

고속도로 휴게소에서 백남준을 만난다. 이것은 현실 속의 일이 아닌 것 같다. 그러나 그것은 엄연한 현실이다. 이제 꼭 어디를 가다가 들리는 고속도로 휴게소가 아니라 작품을 감상하기 위해서 일삼아 가야 할 곳이 고속도로 휴게소라는 생각이 든다. 한국도로공사와 칠곡 휴게소가 함께 하는 행사라고 하는데 매우 신선하고 우리의 문화 수준을 업그레이드 시킨 훌륭한 일이 아닐 수 없다.

이것을 보고 나니 'Free 5'라는 행사가 그렇고 그런 것이 아니라 고객들에게 참으로 필요한 것들만으로 콘텐츠를 만들었다. 길 가다가 바쁘게 PC를 사용할 일이 생기고, 장거리 운전자들에겐 샤워도 수면도 절대적으로 필요한 것이다. 거기다 안경 세척기까지 두는 센스는 칭찬하지 않을 수 없는 일이다. 고객이 무엇이 필요할까를 고민하여 그것을 서비스하는 정신은 단순한 장삿속이 아니라 상업을 예술로 끌어올리는 역할을 하는 것이다.

　　우리가 사는 이 시대를 문화의 시대라고 하는데 문화란 이렇게 우리 삶 속에 녹아있다. 문화나 예술이 보통 사람들이 가 닿을 수 없는 하늘 가운데 있는 것이 아니고, 이렇게 우리 발끝에 있는 것이다. 삶이 배어있지 않은 예술은 그것이 어떤 장르의 예술이든 무의미하다. 예술은 아름다움을 창조하고 표현하는 것이다. 보통사람들도 예술에 대해 거리감을 둘 것이 아니라 자주 대하는 기회를 가져야 한다. 그것이 예술과 친해지는 길이다.

예술인들의 작품을 쉽게 접할 수 있도록 만드는 것, 이것이 문화의 시대, 행정의 중심이 되어야 한다. 이미 중앙정부나 지방정부에서도 '찾아가는 예술'이라는 모토 아래 문화 행사들을 기획하고 지원하고 있지만 그 폭을 넓힐 수 있는 데까지 넓혀야 할 것이다. 예술에 대한 이해가 깊은 국민들이 많아져야 예술이 발전하고. 그래야 진정한 문화 국가가 될 수 있다. 문화의 시대, 문화 국가, 문화 도시 등 말로만 문화를 외칠 것이 아니라 칠곡 휴게소와 같이 혁신적 사고를 해야 하는 것이다.

중앙정부나 지방정부에서도 국민에게, 지역 주민에게 문화적으로 접근하는 방법을 깊이 모색해야 할 것이다. 눈에 보이는 실적만을 위해 도로를 만들고 높은 건물을 짓는 것은 이제 환경적 측면에서 반문화적이 될 수도 있다는 사실을 간과해선

안 된다. 문화의 시대 행정은 예술을 주민들 곁으로 끌고 가는 것이다. 그래서 문화 수준이 자연스럽게 높아지도록 해야 한다. 고속도로 휴게소에서 세계적 아티스트의 작품을 만날 수 있듯이 동네 공원에서도 수준 높은 예술 작품을 만날 수 있도록 말이다.

멘토링

스승의 날이다. '선생은 많으나 스승은 없다.'는 얄궂은 말이 횡행하고 있는 세상이다. 이 말은 잘못된 말이고, 호사가들의 입에 오르내리게 된 시쳇말로 치부하고 싶지만 이 말을 아주 부정할 수 없는 것이 우리 현실이다. 말의 뜻을 엄격하게 따져보면 '선생'과 '스승'은 똑같은 말이 아니고 조금의 뉘앙스가 있다. 선생은 모두 스승이 될 수 있어야 하지만 그렇지 못한 세상이 되어 버린 것이다.

학생들을 가르치는 일을 하는 사람을 부르는 호칭은 많다. 법적으로 교육공무원, 직업적으로 말하면 교사, 교수, 학생을 가르치는 사람을 선생, 사회적 관계보다 좀 더 개인적인 관계를 중시하는 의미로 불리는 것이 스승이다. 국어사전을 통해 이 말들의 뜻을 살펴보면 '교육공무원'은 '국립이나 공립의 교육기관 또는 교육행정 기관에 근무하는 교원 및 사무직원을 통틀어 이르는 말', '교사'는 '주로 초, 중, 고등학교 따위에서 일정한 자격을 가지고 학생을 가르치는 사람', '교수'는 '대학에서 전문 학술을 가르치고 연구하는 사람', '선생'은 '학생을 가르치는 사람', '스승'은 '자기를 가르쳐서 인도하는 사람'이라는 의미를 갖는다. 따라서 한 사람의 선생은, 교사, 교수가 될 수 있고, 교육공무원은 저절로 되는 것이지만 스승은 될 수가 없는 것이다. '스승'은 직업적 의미의 교사가 만들 수 있는 것이 아니라 가르친 학생들이 만들어 주는 것이기 때문이다. 누구라도 교사나 교수가 되면 선생은 될 수 있지만 스승이 되기는 어려운 것이다. 따라서 스승은 제도권 교육에서만 있을 수 있는 것이 아니다. 사적인 관계를 통해서 스승으로 모셔지는 경우가 더 많은 것도 이 때문이다.

최근 회자되고 있는 '멘토링mentoring' 이 선생의 의미가 아니라 스승의 의미에 가까운 것이다. 멘토링은 경험과 지식이 풍부한 사람이 구성원을 1:1로 전담해 지도 조언하면서 실력과 잠재력을 개발시키는 것을 말한다. 조언자의 역할을 하는 사람을 멘토, 조언을 받는 사람을 멘티라고 한다. 따라서 이 멘토링에서 스승의 의미인 '자기를 가르쳐서 인도하는 사람' 의 의미가 강한 것이다. 그래서 선생은 많지만 스승은 적을 수밖에 없는 것이다. 스승에 대한 존경심을 되새기고 그 은혜를 기리기 위하여 정한 날이 스승의 날인데, 이것이 스승의 날이 아니라 교사의 혹은 선생의 날로 착각하여 우리 현장에서 많은 문제가

예술이
약이다

생기고 있다. 스승의 날이 문제되는 것은 스승의 날에 선생님들에게 촌지를 건네는 풍토 때문이다. 학생들이 선생님에게 감사의 마음을 표현하는 것은 장려할 만한 일이다.

그런데 여기에 부모들이 간섭하기 때문이다. 부모들이 자기의 스승이 아닌 자식들의 선생에게 촌지 봉투를 건네는 일이 생기면서, 그런 기회를 없애자고 스승의 날에 학교를 쉬게 하는 일이 생긴 것이다. 따라서 스승의 날은 현재 교육기관에서 교육을 받고 있는 학생들의 선생이 아니라, 사회생활을 하면서 자기를 가르쳐서 인도한 스승을 기려야 한다. 더 적극적으로 말하면 자식들의 선생에게 촌지를 건네는 것이 아니라 자기를 가르친 여러 선생님들 중에서 스스로 스승으로 생각되는 분들을 기려야 하는 것이다.

학교생활을 통해서 수많은 선생님들로부터 배워왔지만 마음속으로 스승으로 섬길만한 사람이 없다면 그것은 참 불행한 일이다. 만약 그렇다면 그 원인이 어디 있는지 살펴봐야 한다. 스스로의 탓인지, 정말 스승으로 섬길 선생이 없었는지. 아마도 스스로에게 문제가 있는 경우가 많을 것이다. 험한 세상 살아가면서 마음속으로 모시는 스승 한 분 없다면 얼마나 삶이 더 곤궁해지겠는가.

따라서 스승의 날은 내 자식의 선생을 챙겨드리는 것이 아니라 내 마음의 스승을 찾아 공경하는 것이 마땅한 것이다. 그것은 물질 적인 것이 아니다. 마음속으로 어릴 적의 선생님, 지금의 스승이 계셔서 오늘의 내가 있다는 전화 한 통, 혹은 이 편지가 궁한 시대에 편지로 마음을 전하는 것, 이런 일을 권장하는 스승의 날이 되어야 한다. 부모들이 자식들의 선생을 섬기는 일은 자식들에게 맡기고 부모들은 자기의 스승을 찾아 섬긴다면 스승의 날은 정말 아름다운 날이 될 수 있을 것이다.

대마도에서 독도를 노래하다

2008년 63주년 광복절, 나는 대마도에 있었다. 대구문인협회 회원과 시민 31명이 대마도 역사 탐방을 나선 것이다. 광복절에 대마도에 있다면 광복절을 그냥 보낼 수는 없다. 고민 끝에 대마도에서 63주년 광복절 기념식을 갖고 일본이 독도를 자기네 땅이라고 우기고 있는 것에 대해서 독도가 우리 땅이라는 시 낭송회를 가지는 것으로 항의 표시를 하기로 했다. 시인은 시로 저항해야 하는 것이니까.

그런 작정을 하고 몇 분들에게 상의를 했더니 의의가 크지만 위험하지 않겠느냐는 반응을 보였다. 일본 극우파들이 보면 큰 문제가 생길 수 있다는 것이었다. 그런 우려가 전혀 없는 것은 아니지만 보수 문학의 대명사가 되고 있는 문인협회가 현실 문제를 더 이상 외면해서는 안 된다는 생각이 들었다. 참가 시인에게 독도에서 낭송할 시를 청탁하고 행사 계획을 알렸더니 신청자 중 여행을 가지 않겠다고 하는 사람까지 있었다.

　걱정하지 말라고 위로하며 대마도는 한국에 기대 살기 때문에 친한親韓적이라 문제가 생기지 않을 수 있고, 생긴다 해도 내가 책임지겠다고 큰 소리쳤다. 어떻게 책임질 것인지 대책도 없이 말이다. 독도문제가 한일 양국 간에 이슈가 되고 있는 이 시점에서 한국의 문인들이 일본에 가서 어찌 입 다물고 있다가 와서야 되겠느냐는 말에 어쩔 수 없었을 것이다. 다행히 내 견해를 수용해 주어 여행 출발엔 아무 문제가 없었다.

'63주년 광복절 기념 / 대마도에서 독도를 노래하다 / 獨島 韓國領 / 대구문인협회' 라는 플래카드를 만들고, 행사 팸플릿 머리말에 "광복 63주년에. 아직도 독도가 자기네 땅이라고 우기는 일본을 찾아갑니다. 한국의 역사가 널리 깔린 대마도에서 우리는 독도가 우리 땅임을 천명하고 싶습니다. 그를 위해 우리는 시를 쓰고 그 시를 일본 땅에서 소리 높여 읽을 것입니다. 그리하여 대한민국 국민으로서 한국 땅의 지성인으로서 긍지를 새기고 싶습니다."라고 썼다. 우리가 갖는 행사로 일본이 독도에 대한 잘못된 생각을 거두지는 않겠지만 우리는 기회 있는 대로 뜻을 전해야 한다.

광복절, 오전 10시에 대마도 최남단 쯔즈자키 등대 공원에서 기념식과 독도시 낭송회를 진행하기로 했다. 버스에서 내려 태극기를 앞세워 공원으로 들어설 때 비장한 각오를 하지 않을 수 없었다. 그런데 이른 시간이라 그런지 사람들이 없었다. 우리가 태극기를 꽂고 플래카드를 거는 동안 일본인 관광객 한 무리가 도착했다. 우리끼리 하는 행사가 되면 의의가 반감될 수 있는데 일본인들이 볼 수 있게 되어서 다행이라 생각되면서도 약간의 긴장감이 돌았다. 행사를 시작하니 공원 입구에 또, 한 무리의 일본인 관광객들이 언덕 위에서 내려다보고 있었다.

국민의례, 광복절 기념사, 독도시 낭송회, 대한민국과 독도 만세를 외치는 만세 삼창까지 계획된 행사를 다 치러내도 아무 불상사가 없었다. 괜히 긴장했구나 하는 생각이 들었다. 일본인 관광객 중 누구라도 시비를 걸어주면 좋겠다는 오만까지 생겼다. 이 행사가 대단한 것은 아니다. 그러나 대구의 문인들이 대마도에서 독도가 우리 땅임을 시로 외치고 만세로 부른 것은 결코 작은 일도 아니다.

2박 3일 일정의 대마도 탐방은 무엇보다도 이 대마도가 우리 땅이라는 사실을 분명히 인식하게 해 주었다. 곳곳에 널린 한국인의 혼, 박제상 순국비, 최익현 순국비, 덕혜옹주 결혼 봉축비, 조선통신사들의 흔적, 이곳을 어찌 일본 땅이라고 말할 수 있는가. 일본이 독도를 자기네 땅이라고 우긴다면 우리는 이제 대마도가 우리 땅이라고 주장해야 할 것 같다.

태상왕이었던 태종이 세종 때 대마도 정벌을 하기 전에 군사들에게 내린 교유문에서 "대마도는 섬으로서 본래 우리나라 땅이다. 다만 궁벽하게 막혀있고, 또 좁고 누추하므로 왜놈이 거류하게 두었더니 개같이 도적질하고 쥐같이 훔치는 버릇을 가지고 경인년부터 뛰어놀기 시작하였다."는 자료를 읽으며 이 사실을 긍정하지 않을 수 없었다.

고희림 시인이 시를 통해 "1945년 8월 15일 무조건 항복할 때의 마음으로 돌아가세요."라고 외친 시구가 우리가 일본에게 해줄 말의 핵심이다. 전범 일본은 63년 전에 한 '무조건 항복' 의 약속을 정말 지켜야 한다. 대마도에서 독도가 우리 땅이 라고 외친 63주년 광복절, 뿌듯했다. 돌아오는 뱃길이 험해 고 생깨나 했지만 내가 보낸 가장 의미 있는 광복절이었다.

종교의 화합

2012년 5월 28일 오전 11시 동화사 설법전 앞, 불기 2556년 부처님 오신 날 봉축 대법회, 그 자리에 끼어 있었다. 타종으로부터 사홍서원에 이르기까지 1시간여의 시간은 그냥 편했고 무언지 모를 기쁨 같은 것이 스멀거리는 것 같았다. 신도회 회장님을 비롯한 여러 분들의 축사가 이어졌다. 여야 정치인들도 참석 서로를 격려하고 인정하고, 지방자치단체에서도 참여해 어쨌든 서로가 화합해야 한다는 말씀을 했다.

단상 위에서 화합해야 한다는 저 약속들이 지켜지지 않는다 해도, 저렇게 말하고 나면 화합하는 데 신경 쓰지 않으면 안 될 상황을 만들어가고 있는 것 같아 보기 좋았다. 이렇게 부처님 오신 날을 봉축하는 것은 결국 인간이 아름답게 살아야 한다는 사실을 다시 한 번 확인하는 것 아닐까. 이 봉축 법회에서 필자의 시선을 끈 것은 신부님이 낭독하시는 부처님 오신 날 경축 메시지였다. 부처님 오신 날 봉축 대법회에 신부님이 참석하신 것만도 충분히 아름다운 일인데 천주교에서 메시지를 보냈고, 그것을 법회장에서 낭독하시는 신부의 모습은 참으로 아름답게 느껴졌다.

동화사 주지 성문 스님의 법어도 너무나 평범한 것에서 진리를 찾아내어 우리를 인도했다. 법회를 안내하는 팸플릿에 실린 봉축 법어와는 다른 말씀을 하셨지만 부처님께서 처음으로 "천상천하 유아독존天上天下 唯我獨尊"이라고 외친 것은, 세상의 모든 것이 다 하나 같이 소중하다는 것을 말씀하신 것이라고 전하시는데 고개가 끄덕여졌다. 그러면 그렇지 부처님 말씀이 어찌 이 세상에 나 혼자 뿐이라고 말씀했겠는가. 필자도 불려 나가 '관불'에 참여하게 되었는데 내 딴엔 최대로 공손한 자세를 취했지만 아주 어색했으리라 생각된다.

　아름답게 사는 길, 그것은 무엇인가? 깊이 생각하지 않아도 아름답게 살기 위해서 사람이 기본적으로 깨달아야 할 사실은, 세상은 혼자 사는 곳이 아니라는 것을 인식하는 것이 아닐까 싶다. 그 사실만 깨달으면 나머지 문제는 저절로 해결될 수 있는 것이라고 보기 때문이다. 혼자 사는 곳이 아니기 때문에 내 멋대로만 할 수 없는 것이고, 내 좋은 대로만 할 수 없는 것이다. 종교에 대해서 깊은 이해가 없지만 종교가 다른 것은 선善을 실천하는 방법이나, 교리에 차이가 있을지라도 궁극적으로는 인간의 삶을 아름답게 하기 위한 것이라고 보면 틀리지 않을 것이라고 필자는 믿고 있다.

부처님 오신 날 천주교에서 나온 메시지 중에 "그리스도인과 불자는 종교 간 대화를 통하여 젊은이들에게 정의와 평화를 가르칠 공동 책임이 있다."고 한 것에서 유추할 수 있듯이 우리는 세상에 대해 같은 꿈을 가지고 있다. 한국기독교교회 협의회에서도 "이기심과 탐욕에 찌들고, 생명을 경시하고, 갈등과 대립 속에서 서로 다투고, 고통 받는 사회적 약자들이 늘어만 가는 현실 속에서 이제 부처님의 자비로운 마음으로 우리 이웃들의 아픔을 위로하고 새로운 소망을 줄 수 있기를 바란다."고 했는데, 이 또한 얼마나 아름다운 일인가. 이 메시지들에 들어있는 '공동 책임'이라는 말이나, '이웃의 아픔'이라는 말들에는 우리가 하나 되지 않으면 안 된다는 진리가 스며있다. 그래서 우리는 '함께' 혹은 '통합'의 기쁨을 맛볼 수 있다.

부처님 오신 날, 불교계 내부의 문제가 많은 중생들에게 실망을 주고 있지만 그 또한 인간의 일이지 부처님이나 불교의 일은 아닐지 모른다. 부처님은 모든 인간에게 성불할 수 있다는 것을 가르치는 것이지 무조건 나를 따르라고 강요하지 않았다는 사실만 알면 되지 않을까. 법회가 끝나고 공양간 앞에 길게 줄을 지어선 대중들을 본다. 밥그릇을 들고 동화사 계곡 바위 위에 아무렇게나 앉아 공양을 드는 저 광경이 바로 평화의 광경 아닌가 싶다. 필자도 그 모습을 한참 바라보다가 비빔밥을 비비면서 침을 꿀꺽 삼켰다. 먹는 것 앞에서 오래 줄 서 기다리는 순한 대중의 삶이 어이 이리 정겹게 느껴지는지 모르겠다. 함께 해서 더 맛있는 공양이여! 똑 같은 생각을 하며 같은 행동을 하는 것 보다 더 아름다운 것이 또 어디 있으랴.

책과 저작권

　4월 23일은 세계 책과 저작권의 날(World Book and Copyright)이다. 1995년 제28차 유네스코에서 제정되었다. 전 세계적으로 독서와 출판사업을 장려하고 저작권 제도의 확립을 통해 지적 소유권을 보장하자는 취지다. 오늘날 라디오와 TV를 거쳐 인터넷에 이르기까지 여러 대안 매체들이 발달함에 따라 독서 인구가 감소하는 상황에서 지식, 표현, 대화의 수단으로서 책이 가지는 중요성을 강조해야 할 필요성이 점점 커지

예술이
약이다

고 있는 시대 흐름을 반영한 것이다.

'책과 저작권의 날'은 국제출판인협회가 스페인 정부를 통해 유네스코에 제안한 '책의 날'에 러시아 정부가 제안한 '저작권'의 개념이 포함된 것이다. 4월 23일로 정한 것은 스페인 까딸루니아 지방에서 전통적으로 책을 사는 사람에게 꽃을 선물했던 세인트 호르디(St. Jordi)의 날이자 1616년 세계적 문호인 세르반테스와 셰익스피어가 사망한 날이기도 해서 이 날이 결정된 것이다.

제28차 유네스코 총회에서 발표된 결의안은 "역사적으로 인류의 지식을 전달하고 이를 가장 효과적으로 보존하는 데 있어 큰 역할을 해온 책의 중요성을 인식하고, 도서의 보급이 직접적인 독자뿐 아니라 문화적 전통에 대한 사람들의 인식을 발전시키고, 이해, 관용, 대화를 기초로 한 사람들의 행복을 고무시킨다는 점을 인정하고, 책의 날을 제정하고, 이날을 기념한 도서전과 같은 행사를 개최하는 것이 책을 보급하고 독서를 증진시키기 위한 효과적인 방법임을 깨닫고, 현재까지 국제적으로 책의 날을 제정하지 않았음을 인식하여, 4월 23일을 세계 책과 저작권의 날로 제정한다."고 했다.

세계가 책이 중요하고, 독서를 증진시켜야 하며, 저작권을 보호해야 한다는 것에 공통적인 인식을 한 것이다. 따라서 우리도 '책과 저작권의 날'에 대한 인식을 새롭게 가져야 한다. 지금까지 우리나라에서 책의 날을 기념한 것은 대형 서점에서 책의 날에 책을 사면 장미꽃 한 송이를 주는 것으로, 인터넷 서점에서는 책의 날이 되기도 전에 메일 광고를 통해 책의 날에 책을 선물하자고 부추기는 일, 책과 직접적인 관계가 있는 사람들만이 이 날을 상업적으로 이용하려 하는 데 그쳤다.

정부차원에서 또 지방자치단체에서 책과 저작권의 날에 대한 기념식을 갖는 것도 없었고 유네스코가 정한 이 날의 취지

예술이
약이다

를 홍보하려는 의지도 없었다. 문화의 시대에 접어들었고, 책이 문화의 중심에 있다는 사실을 거부할 수 없다고 볼 때, 이 날을 아무런 의미 없이 보내고 마는 것은 문화의 시대를 살아갈 준비가 덜 되었다고 볼 수밖에 없다. 일년을 두고 무슨 무슨 날들 많기도 하지만 책의 날은 어느 한 계층이나 부류에 한한 날이 아니다. 그야말로 범인류적인 것이다. 제도권 학교를 졸업하고 나면 책 한 권 읽지 않는다는 사람이 많다는데 이 날 만이라도 책을 가까이 하는 날이 되도록 만들어야 한다. 이 일을 정부나 지방자치단체가 외면해서는 안 될 일이다. 그것이 국민이나 주민들에게 꿈을 갖게 하는 일이다. 그 보다 더 중요한 일이 있겠는가.

그런 가운데 대구 중구청이 구청 차원에서 책의 날 행사를 기획한 것은 참으로 바람직한 일이 아닐 수 없다. '책 나누기, 행복 더 하기'란 주제를 가지고 알뜰 도서 교환전을 비롯하여 시인을 초청한 강연회, 독서하는 사진 찍어주기, 지역 작가와의 만남 등의 행사를 벌이는 것이다. 이 얼마나 아름다운 일인가. 아름다움을 넘어서 미래를 읽는 행사가 아닐 수 없다. 흔히 '책 속에 길이 있다.'고 하는 데 책 속에 바로 미래로 열리는 길이 있는 것이다. 그 외 대구의 공공도서관에서도 책의 날 행사를 기획한 것도 시민으로서 매우 고마운 일이 아닐 수 없다.

그러나 '책과 저작권의 날'임에도 불구하고 책의 날만 강조되고, 저작권에 대해서는 조금의 관심도 기울이지 않은 것도 유감이다. 책은 저작자가 있어야 태어나는 것이다. '저작권'이란 문학, 예술, 학술에 속하는 창작물에 대하여 저작자나 그 권리 승계인이 행사하는 배타적, 독점적 권리를 저작자의 사후 50년간 유지되던 것이 한미 FTA 체결로 인하여 2013년 7월 1일부터는 사후 70년으로 늘어나게 된다.

최근 국내에서 일어난 학계의 논문 표절 사건, 예술계의 작품표절 등도 이 저작권에 대한 인식이 부족했기 때문에 일어난 일들이다. 다른 사람이 어렵게 만든 작품을 자기가 창작한 것인 양 하는 것은 학자나 예술가로서의 자격이 없는 것이다. 차츰 표절이 예술가나 학자들이 더 이상 발붙일 수 없도록 만들고 있지만, 일반인들도 저작권에 대한 인식을 높여가야 한다. 저작권을 지키는 일은 양심을 지키는 일이고, 책은 문화적 삶을 위한 필수품이다.

이야기 전쟁

'이야기 전쟁'이 시대의 중요한 화두가 되고 있다. 이야기 전쟁에 밀리면 문화 식민지로 전락할 수밖에 없을 것이라는 말도 심심찮게 나오고 있다. 과거에도 이야기가 돈이 될 수 있을 것이란 생각을 전혀 하지 않은 것은 아니지만 지금처럼 절실하게 느낀 것은 아니다. 이야기가 국가 발전의 중요한 자원이 된다는 데까지는 생각이 미치지 않은 것이 사실이다. 그런데 지금은 그야말로 이야기 전쟁이 치열한 시대가 되었다. 누가 더 많은 이야기 자원을 확보해 더 재미있는 이야기를 만들어 내느냐가 국가의 미래를 좌우하게 될 것이라는 생각 때문이다. 아니 생각이 아니라 실제 '이야기'가 그 어느 분야보다 재화 창출의 많은 가능성을 갖고 있다.

이야기 자원이 엄청난 재화를 창출한 사례들은 부지기수다. 세계적으로 널리 읽힌 조앤 롤링의 상상력이 만들어낸 '헤리포터'의 성공사례는 제조업과 IT 산업 보다 부가가치가 훨씬 더 높다는 사실을 잘 말해주고 있다. 그런 성공 사례를 멀리서 찾지 않아도 된다. 한국은행 산업연관성표 기준집계에서 우리 영화 '왕의 남자'와 LG 초콜릿 폰과 비교해본 경제 효과에서 잘 드러나고 있다. 이 영화 한 편이 고용창출액 126만 대, 생산성 유발액 26만373대, 부가가치 유발액 33만 대에 이른다고 한다. 이 단적인 예만으로도 '이야기'라는 고소한 낱말에 '전쟁'이라는 무서운 낱말을 갖다 붙이는 이유를 짐작할 수 있을 것이다.

　이렇게 이야기가 중요한 자원이 되는 것은 시대 변화에 기인한다. 인류 발전의 큰 틀을 인체에 비유하여 원시시대를 손, 발의 시대라고 부르고, 산업혁명 이후부터 20세기까지를 머리의 시대, 그리고 21세기를 가슴의 시대라고 부르는 것과도 일맥상통한다. 산업 혁명 이후 엄청난 문명의 발달은 인간의 삶을 편리하게 만들었다. 사람의 손으로 하던 일을 기계가 대신해주고 인류는 손발로 또는 머리로 일하던 시간을 줄일 수 있었다. 그 시간은 여유라는 멋진 시간으로 바뀌었다. 그러나 인류는 편리함을 얻는 대신 일로부터 얻던 충족감을 잃어버렸다. 그래서 가슴이 허하다. 그 허한 가슴을 이제 이야기로 채워가지 않을 수 없게 된 것이다. 기계 문명이 싸늘히 식혀버린 인간의 가슴을 덥히지 않으면 안 될 때가 온 것이다. 뿐만 아니라 여가를 일보다 더 중요하게 생각하는 신세대 소비자들의 출현이 세계

이야기 시장의 폭발적인 성장을 예고해주고 있는 것이다.

　따라서 이야기 산업을 21세기의 신성장 동력으로 인식하지 않을 수 없게 만든다. 이야기를 영화, 드라마, 에니메이션 등으로 새롭게 만들어 고부가 가치를 창출하려 하는 것이다. 이 분야에서 가장 앞서가는 곳이 헐리우드다. 세계 곳곳에서 이야기 자원을 헐값에 사다가 영화와 게임 같은 이야기 상품으로 만들어 부가가치를 올리고 있다. 지난 10년간 한국산 영화 소재 15편이 헐리우드로 팔려나갔다. 1999년 '텔미썸씽'의 리메이크용 대본이 20세기 폭스에 30만 달러에 팔린 것을 비롯하여 '조폭마누라'가 95만 달러, '엽기적인 그녀'가 75만 달러, '시월애'와 '가문의 영광' 등이 50만 달러, '괴물'이 60만 달러에 팔려나간 것으로 알려져 있다. 이중 '시월애'는 미국에서 '레이크 하우스Lake House'라는 제목으로 리메이크되어 원재료 값의 100배에 육박하는 총 4700만 달러의 수입을 올렸다고 한다.

이런 정도라면 한국의 부동산 투기자들이 아파트나 땅을 사서 한두 배, 또는 일이십 배 더 받고 파는 것도 우스운 일이 되고 만다. 이야기 자원이 부동산을 사고파는 것보다 더 많은 부를 창출하는 것이다.

우리나라의 드라마가 한류 열풍을 일으키고 있는 것은 우리의 가능성을 말해주는 것이다. 따라서 우리나라도 이야기 산업 육성을 위한 정부 차원의 대응이 필요하다. 환경을 파괴하고 각종 오염을 유발시키는 공장만 짓는 것이 국가 발전에 이바지하는 것이 아니다. 새로운 이야기의 창출이 공산품을 만드는 것보다 더 생산적이라는 인식을 가지고 예술문화에 집중 투자해야 한다. 그러나 이야기 산업은 일시에 이루어지지 않는다. 국가적 차원에서 진흥책을 세우되 가급적 행정의 간섭을 줄여야 한다. 이야기의 생산에 지금과 같이 간섭하고 조정하는 문화 행정은 걸림돌이 될 뿐이다. 행정은 현실이고 이야기는 상상의 세계다. 그 거리는 결코 가깝지 않다. 따라서 무조건 밀어주고 실패해도 그 실패가 성공을 위한 준비라는 측면에서 접근해야 한다.

예술 소비가 생산이 되는 이유

　21세기의 트랜드를 말할 때마다 나오는 말이 예술문화다. 예술문화가 우리 삶에 아주 적극적인 영항을 미칠 수 있다고 보기 때문이다. 그것은 확률이 높은 예견이고 이미 우리는 그런 삶을 살고 있다.

　이와 같은 사실은 기계문명의 발달로 사람 사이의 관계가 예전 같지 않고 지극히 개인주의화 되어가고 있기 때문이기도 하다. 우리 삶에서 가장 중요한 것은 자본주의가 발달하면서 돈

일 것 같다는 생각을 하기가 아주 쉽다.

그러나 조금만 더 깊이 생각해보면 인간이 사는 세상에서 가장 중요한 것은 돈이 아니라 사람이라는 것을 쉬 깨달을 수 있다. 그 모든 일에서 사람이 가장 우선시 되어야 하는 것이다. 세상에 존재하는 그 모든 것들은 모두가 인간을 위한 것이어야 하기 때문이다. UN이라는 세계적 기구가 갖는 목적도 우리 지역의 자치단체가 갖는 목적도 결국은 사람살이를 위한 것에 봉사하는 것이 그 목적인 것이다.

21세기에 접어들면서 예술문화의 중요성을 깨닫고 그것을 통해 인류의 삶을 보람되게 만들어야 한다는 것이 공통의 관심사가 되었다. 그런 점에 착안하여 대구 예총이 지난 2년간 예술소비운동을 펼쳐왔다. 한 달에 책을 한 권 이상 읽고, 공연장과 전시장을 한 달에 한 번 이상 찾기를 행동강령으로 정하고, 책을 추천하고 공연장과 전시장을 단체로 찾기도 했다. 그래서 대구 예술계에 상당한 바람을 불러일으키고 있다고 본다.

　이런 운동을 전개하면서 느낀 점은 대구의 예술문화가 아주 희망적이라는 사실이다. 그것은 대구에 좋은 공연이 오면 대체로 관객이 많아진다는 것이다. 세계적인 공연이나 그야말로 예술적 가치를 가진 공연들은 많은 사람이 찾는다. 예술문화도시는 예술가들이 만드는 것이 아니라 시민들이 만드는 것이다. 좋은 공연이 소비되면 좋은 공연이 이어질 수 있다. 대구에 좋은 공연이 와도 시민들이 그 공연을 외면하면 그런 공연은 다시 대구에 오지 않는다.

　결국 좋은 공연을 소비하는 시민이 많으면 자연적으로 수준 높은 공연을 볼 수 있는 기회가 늘어나는 것이다. 이런 것이 예술 소비가 생산이 된다는 이유가 될 수 있다. 뿐만 아니라 예술은 즐거움을 주어 기쁘게도 하지만 그 어느 작품이든 우리 삶을 돌아보게 하고 꿈을 꿀 수 있게 한다. 그런 것들이 직, 간접적으로 자기 일터에서 응용되고 활용될 수도 있다. 이 또한 예술이 소비로 그치는 것이 아니라 생산으로 이어진다는 이유가 되는 것이다.

그 다음으로 우리 사회를 밝게 하는 데도 예술이 크게 기여할 수 있다. 예술 작품을 가까이 하면 범죄율을 줄일 수 있을 것이라는 것도 쉽게 기대할 수 있는 일이다. 예술이 아름다움을 찾아가는 길임이 분명하니까 아름다움 앞에 인간은 누구나 감동하게 되고 그 감동은 아름답게 확대될 가능성을 높인다. 젊은이들, 특히 학생들에게 예술을 가까이 할 수 있는 기회를 확대해 주는 것이 모든 어른들의 책임이다. 학생들이 끊임없이 상상력을 발휘할 수 있도록 만들어 주어야 한다. 상상력의 발휘는 분명 소비가 아니라 투자가 되는 것이다.

지금까지 예술은 먹고살 만해야 가까이 가는 것이라고 생각하는 경향이 많았지만, 이제는 분명 아니다. 예술을 가까이 해야 먹고 살 일이 생기는 시대가 된 것이다.

필자는 예술 소비는 소비가 아니라 투자, 그것도 투자 효과가 바로 드러나지는 않지만 우리 삶에 매우 의미 있게 나타나는 것으로 생각한다. 그래서 '예술 소비로 기쁜 내일을' 맞자며 예술소비운동을 펼치고 있는 것이다. 예술 소비는 그리 어려운 것이 아니다. 지금 당장이라도 주변에 있는 책을 들고 한 페이지 읽는 일도 예술 소비요, 친구들 혹은 가족들과 함께 공연장을 찾아가는 것이 예술 소비다. 일반적인 상품을 소비하면 후회하는 수도 있을 수 있지만 예술의 소비는 분명히 다른 무엇인가를 느끼게 한다. 그래서 예술 소비는 투자가 되는 것이고, 그것이 결국 생산으로 이어지는 것이다.

예술소비운동

    대구는 자랑스러운 도시다. 1인당 GRDP가 몇 년째 꼴찌라느니, 발전이 더디다고 말을 하기도 한다. 하지만 설사 그렇다 해도 절망하기보다는 희망을 가져야 한다. 대한민국 역사의 흐름을 가만히 되돌아보면 대구는 역사의 분수령마다 참으로 큰 일에 앞장서온 도시임에 틀림없다. 그것도 우리 역사에서 한국인의 정신을 분명히 내세운 것들이다. 일제강점기에는 국채보상운동을 펼쳐 민족의 위상을 떨쳤고, 60년대 민주화 운동은 대구 2 · 28 학생의거가 그 도화선이 됐다.

　국가와 민족을 위해 분연히 일어섰던 이런 일은 대구시민들이 긍지로 삼아야 할 일이다. 그런 정신을 대구의 정신으로 이어가야 한다. 작년의 일만 해도 그렇다. 세계육상선수권대회를 성공시켜 대구가 IAAF로부터 세계육상도시로 지정되기도 했다. 이런 성과가 어디에서 나오는 것일까. 바로 대구 정신의 발로에 말미암은 것들이다.

　21세기에 접어들어 우리는 무엇을 해야 할 것인가. 대구를 예술문화도시로 성장시켜야 한다. 어느 도시보다 예술인재가 많은 곳이 대구다. 대구에 산재한 예술 관련 학과에서 연간 수백 명의 예술인이 배출되고 있다. 이 예술인들이 적극 활동할 수 있는 기반을 만들어야 한다. 청년실업에는 정부도 지방자치도 굉장한 관심을 기울이지만, 예술가의 실업에 대해서는 관심을 두지 않는다. 예술 관련 학과 졸업생도 청년이지만, 이들이 회사에 취직하는 것을 취업으로 볼 수는 없다. 예술적 기량을 펼칠 수 있는 공간을 만들어줘야 한다.

대구예총에서 이런 젊은 예술가의 실업문제를 해소하거나, 기성예술인들의 창작활동을 고무시킬 목적으로 2010년부터 예술소비운동을 펼치고 있다. 예술소비는 어려운 것이 아니다. 책 읽고, 공연장 가고, 전시장 찾는 것이 예술소비다. 시민들이 한 달에 책 한 권, 공연장과 전시장 한 번 정도 가면 훌륭하다. 예술소비는 소비자의 입장에서 보면 소비가 아니라, 내일을 위한 투자라 할 만하다.

대구예총이 예술소비운동을 추진하는 기구로 예술소비운동본부를 만들고, 회원들을 모아 예술정보를 제공하고 있다. 예술소비운동본부라는 말은 새마을운동본부에서 차용했다. 예술소비가 대한민국을 근대화시킨 새마을운동처럼 전국적으로 번져나가길 바란다는 욕심을 담은 것이다.

국채보상운동과 민주화운동에 이어 대구가 나라를 구한 정신으로 예술소비를 촉진시키고, 이를 통해 예술문화도시를 만들어야 한다는 큰 포부를 가진 운동이다. 21세기, 예술문화의 시대라고 하는 이 시대에 반드시 펼쳐야 할 정신운동이라고 확신하고 있다. 예술문화가 중요한 시대라는 말은 많이 하지만, 그만큼 중요하게 실천하지 않는다. 우리 정부도 국가 예산의 1% 남짓을 예술문화계에 투자한다. 그러면서도 예술문화가 우리의 미래라고 한다. 정부나 지자체의 시각이 언제 달라질지 모르지만, 그 때까지 기다리고만 있을 수는 없다.

그래서 시민의 힘으로 예술을 살리고자 하는 것이 예술소비운동이다. 이 운동에 참여해 손해 볼 일은 없다. 책 읽고, 공연 보는데 어떻게 손해 볼 일이 생기겠는가. 오로지 얻는 것뿐이다. 사는 게 어려운데 무슨 예술이냐고 반문할지도 모르겠다. 그럴수록 예술을 더 소비해야 한다. 예술소비를 통해 팍팍한

예술이
약이다

삶을 위로받고, 예술작품 속에서 꿈을 발견해야 한다. 예술소비만이 예술을 진흥시키는 동시에, 개인 삶의 질을 높일 수 있다. 진정한 예술문화도시는 예술을 즐기는 시민이 많아야 한다. 미룰 일이 아니다. 예술소비에 적극 참여해 나도 크고, 대구도 키우자.

책 읽는 소리

2012년 3월 9일, 문화체육관광부는 2012년을 '독서의 해'로 선포했다. '책 읽는 분위기의 사회'를 만드는 것이 그 목적이다. 국민들이 얼마나 책을 읽지 않으면 정부가 독서의 해를 선포하는가. 그러나 이미 미국, 일본, 영국 핀란드 등에서도 정부차원에서 독서 운동을 펼친 적이 있고 상당한 성과를 거양한 것으로 보이기도 한다. 어쨌든 지금 대한민국은 정부가 나서지 않으면 안 될 정도로 국민들이 책을 읽지 않는다는 사실은 여기저기서 증명된다.

스마트폰이 나오기 전만 해도 기차를 타거나 전철을 타면 책을 읽거나 신문을 읽는 사람들을 만날 수 있었다. 그런데 요즘은 보라. 모두 스마트폰을 들고 있다. 스마트폰의 e-북을 읽는 것도 아니다. 우리나라의 국민 독서율이 성인기준으로 2004년만 해도 76%에 달했다. 그런데 2011년 66.8%로 떨어졌다. 국민 10명 중 3명 이상이 1년 내내 책을 한 권도 읽지 않는다는 말이다. 정부가 나서야 할 정도로 심각한 상황에 이르렀다.

'책 읽는 소리, 대한민국을 흔들다 - 2012 독서의 해' 캐치프레이즈가 멋지다. 정부가 국민들에게 책을 읽어야 한다는 사실을 강조하고 정부 예산을 투입한다는 것은 그리 나쁜 일이 아닌 것 같다.

정부가 여러 가지 방안을 내 놓았다. 책의 날과 연계하여 독서 마당 책 잔치를 벌이고, 인문학 강좌 및 독서토론회 개최,

저명인사 애장도서 특별코너 등 테마별 부스 운영, 길 위의 인문학 활성화를 위한 강변 등 현장 탐방 확대, 세계문화유산과 연계한 독서체험프로그램, 문화 자원과 연계된 독서 진흥 프로그램 추진, 독서 치료 프로그램 운영, 독서 나눔 콘서트, 독서 버스, 열차 운영, 독서 동아리 축제, 독서 마라톤 대회, 어지러울 정도로 많은 사업이다. 방안이 너무 많아 우려될 정도다.

그중에서 필자는 언론과 연계한 '2012 프로젝트 하루 20분씩 1년에 12권 읽기' 및 '지금은 책 읽는 시간' 캠페인이 성과를 거둘 수 있지 않을까 생각된다. 억지로 책을 읽히는 것은 일회성에 지날 우려가 있고, 독서는 습관 형성이 되어야 되기 때문이다. 무슨 무슨 대회에 참가하기 위하여 읽는 책이 습관으로 이어지기 어렵고 그 행사가 끝나면 흐지부지될 가능성이 있기 때문이다.

대구 예총은 2010년부터 예술소비운동의 일환으로 책 읽기

운동을 펼치고 있다. 한 달에 한 권 이상의 책을 읽자는 것이다. 매달 책을 추천하고, 2011년부터는 100권 정도의 책을 구입해서 독서 운동에 영향을 미칠 수 있는 분들에게 우송하고 있다. 대구의 태창장학재단에서 이 운동을 후원하고 있다. 필자가 독서의 해에 특히 관심을 갖는 것은 대구예총이 대구의 독서 분위기 조성을 위하여 벌이는 운동과 궤를 같이하기 때문이다. 정부보다 먼저 실시하고 있다는 자부심도 가지면서….

  왜 독서를 해야 하느냐고 물을 사람은 없겠지만, 인류의 삶에 큰 영향을 끼친 것 중, 책 이상의 것이 없을 것이다. 그렇다면 이 세상에서 가장 중요한 것이 무엇일까. 책이다. 우리의 문명은 전부 책으로부터 왔다고 해도 절대 과언이 아닐 것이다. 이 글을 쓰면서 조금은 부끄러운 점이 없지 않다. 나 자신도 책을 많이 읽는다고 큰소리칠 수 없기 때문이다. 그러나 대구 예총이 벌이는 한 달에 한 권 이상 읽기는 실천하고 있고, 정부가 벌이는 하루 20분 이상 책 읽기도 그 이상은 하고 있는 편이다. 필자는 잠자리에 들기 전 책 읽는 것을 즐기고 있다. 많이 읽어야 하겠다는 욕심도 갖지 않는다. 그냥 조금 읽다 잠 오면 잔다. 특히 두꺼운 책이, 이른바 잠들기 전 읽는 책으로 좋다는 것을 경험으로 알았다. 그런 습관 들여 보라고 주제넘게 권하고 싶다.

책 읽는 소리로 대구가 흔들린다면, 대구는 어떻게 될까? 부러울 곳 없는 도시가 되지 않겠는가.

대시민 문화 향수 현황조사 필요하다

　한국문화예술위원회가 대국민 문화 향수 현황 설문조사 결과를 발표했다. 위원장은 "문화를 통한 소통과 나눔이 화두가 되고 있는 가운데 국민들의 문화예술 향수와 의식수준을 파악하기 위해 설문조사를 실시했고, 이를 바탕으로 더 많은 국민들이 공감할 수 있는 문화 예술 프로그램을 만들어 나갈 것"이라고 밝혔다. 국민들의 문화 향수 기회를 늘이기 위해 이러한 노력을 하는 것은 참으로 반가운 일이 아닐 수 없다.

설문조사 결과를 보면 한 해 동안 문화 공연 관람 횟수에 대한 질문에는 1~2회라는 응답이 38%, 3~5회가 30.3%, 6~10회가 11.8%, 10회 이상이 11.3%로 나타났다. 문화 예술계 종사자들이 보면 매우 섭섭한 결과가 아닐 수 없다. 한 달에 한 번 정도 공연장 가기가 참 어려울 정도로 팍팍한가 보다. 공연 관람을 위해 지출한 비용은 1~5만원이 29.9%, 5~10만원이 28.5%, 10~20만원이 18.1% 로 조사되었다. 돈의 액수만을 두고 보면 적지 않지만 이를 연간 기준으로 하면 이 또한 적다고 하지 않을 수 없다.

　문화 예술의 향수는 즐기기 위한 것이 목적이지만 그 즐김 속에서 많은 것을 얻을 수 있다. 시대 흐름을 알 수 있고, 나와 다른 사람들의 생각의 차이를 읽을 수도 있으며 그를 통해 소통의 길을 모색할 수도 있다.

　어떤 장르에 많은 관심을 가지느냐의 조사에서는 공연 장르에서는 클래식, 재즈 콘서트 등의 음악이 30.3%로 나타났다. 이어 뮤지컬 20.9%, 문학 17.4%, 미술 13.9%, 연극 11% 등으로 나타났다. 책임심의위원의 말에 따르면 작년 '나는 가수다', '슈퍼스타 K' 등의 한류 열풍으로 음악에 대한 관객들의 수요가 집중됐다고 분석하고 있다. 만약 이것이 사실이라면 대중음악 쪽에 관심을 많이 기울인 것으로 분석된다.

그 외 조사 사항으로 공연 관람 선택 시 출연진을 가장 중요한 기준으로 고려한다. 문화 예술을 지원하는 기업의 이미지에 대해서는 긍정적인 대답이 87.7%로 나타났고, 소액 기부나 후원을 통해 참여할 의사가 있다는 의견이 69.7% 등으로 나타났다. 출연진을 관람 선택의 가장 중요한 기준으로 생각한다는 것은 기획사들이 스타 마케팅을 벌인 결과가 아닐까 싶다. 예술 지원 기업의 이미지는 당연한 결과다. 기업들이 이런 조사 결과를 눈 여겨 봐주었으면 좋겠다.

지금까지의 조사 결과는 표본의 크기가 문제가 될 수 있고, 설문 대상자의 선정이 적절했는가 등 따져볼 것이 없지 않지만 이런 시도를 하는 것 자체가 매우 바람직한 일이다. 국민이 원하는 것이 무엇인가를 파악하고 그것을 위해 노력해 나가겠다는 것은 얼마나 아름다운 일인가.

　국민적 차원에서 보면 이런데 한 도시의 시민으로 사는 시민들의 현황은 어떨까? 지방 정부는 중앙 차원에서 조사한 이런 내용들을 참고해서 대충대충 문화 예술 정책을 세우면 되는 것인가. 대구에서도 이런 조사를 한 번 해봤으면 좋겠다. 누가 해야 하는가. 당연히 시정부가 해야 할 것이다. 이런 조사의 바탕 위에서 문화예술 정책이 수립되어야 시민들에게 다가서는 정책이 될 수 있을 것이다.

　이런 것들이 국민으로서, 시민으로서 누리는 혜택의 차이인가. 국민이 시민이고 시민이 국민이니까 그게 그거라고 생각하면 오산이다. 국민이기 이전에 시민 아닌가.

　지역마다 그 지역의 문화가 있고, 문화를 특색 있게 가꾸려면 시민이 무엇을 원하는가를 알아보는 것이 첫째일 것이다. 대구시민들이 음악회를 좋아하면 음악 공연을 더 많이 하고, 뮤지컬을 좋아하면 또 그런 공연을 키워나가야 하는 것이다. 국민 대접은 받는데 시민 대접은 못 받는다는 생각을 갖게 하면 참 곤란한 일 아니겠는가.

지방도 행복한 나라를 만들자

모든 국민이 같은 권리를 누리고 평등하게 살 수 있도록 하는 것이 헌법이 부여한 중앙정부의 책무다.

서울과 서울 외의 지역은 모든 분야에서 엄청난 격차가 있지만 예술·문화·언론 분야의 격차는 심각한 수준이다.

예술의 전 분야가 서울 중심적이다. 많은 인구가 살고 있고, 재능 있는 예술인이 서울에 많이 살고 있다는 것은 부정하지 않는다. 지방에서 재능을 발휘할 기회가 없기 때문에 재능을 발휘할 기회를 갖기 위해 모두 '서울 해바라기'를 할 수밖에 없는 것이다.

중앙정부는 이런 현실을 가만히 바라보고 있거나 심지어는 즐기는 것 아닌가 하는 의구심을 갖게 만든다. 이 분야에서 왜 지방이 홀대되어야 하는가에 분노를 느끼지 않을 수 없다.

국가의 국토는 균형적으로 발전되어야 한다. 좁은 땅이지만 지역마다 문화엔 지역의 특색이 있다. 이 특색을 살리는 일은 마땅히 중앙정부가 책임지지 않으면 안 될 일이다. 인구의 수도권 집중이 가져오는 폐해를 줄이기 위해서라도 지방을 홀대하지 말아야 한다.

구체적으로 지방예술진흥법 등 제도적 지원장치가 마련되어야 한다. 문화예술위원회의 문화예술진흥기금 배분방식이 공모제를 근간으로 하고 있어 지방은 여러 여건상 불리할 수밖에 없다. 따라서 문화예술진흥기금 배분 방식을 공모제와 지방예술 진흥을 위한 지원제를 병행해야 한다. 예산의 집행방식에 있어서도 지방정부나 전문단체에 위임해야 한다.

중앙에서 지역 실정을 전혀 모르고 서울 중심적 사고에서 배분하는 방식을 막기 위해서도 지방예술진흥법 제정은 미룰 일이 아니다.

이와 함께 지방 언론도 같은 차원에서 다루어져야 한다. 지방에 사는 사람들에게 필요한 것은 지방과 관련된 정보다. 우리나라의 모든 문화가 서울 중심이 되는 것은 거대 재벌언론이 서울적 사고로만 언론사를 경영하기 때문이다. 정부가 경제적으로 취약한 지역언론과 중앙언론이 경쟁하도록 내버려 두는 것은 언론의 중요성을 망각하는 것이다.

지역 문화와 언론은 불가분의 관계가 있다. 지방 예술진흥법과 마찬가지로 지방언론을 육성시키기 위한 제도적 장치도 마련되어야 한다.

국민의 알권리를 충족시켜주는 것이 얼마나 중요한 일인가. 예술문화와 언론은 당장에 어떤 효과를 발휘하는 것이 아니라 밝은 내일을 위해 디딤돌을 놓는 것이다.

국가의 모든 정책이 돈에만 초점을 맞추면 우리에게 희망이 없어진다. 사람이 살기 위해 돈이 필요한 것이지 돈을 위해 사람이 살게 해서는 안 되는 것이다. 문화와 언론은 돈으로 모아진 초점을 사람에게로 돌리는 역할을 하는 것이다. 그것이 진정으로 삶의 질을 높이는 정책이다.

지방 예술과 언론을 진흥시키기 위한 특단의 대책이 마련되어야 한다. 엄청난 액수의 자본이 필요한 사업이 아니다. 정부가 의지가 있다면 충분히 마련될 수 있는 예산이다.

국민 대통합, 예술이 명약이다

　국민들은 국민대통합을 주창하는 새로운 대통령을 뽑아놓고 봄을 기다리고 있다. 막연하지만 희망을 줄 것이라는 정치의 봄과 자연의 봄을 함께 기다리고 있다. 국민대통합, 말이야 간단하지만 그게 어디 쉬 이루어질 일이겠는가. 이념 갈등, 지역 갈등, 빈부 갈등, 계층 갈등, 세대 갈등, 그 무엇으로 국민을 공감시키고 하나라는 생각을 갖게 할 것인지 참으로 난제다.

　통합을 위해서는 국민 모두가 양보해야 하고, 다른 사람을 위한 배려의 마음을 가져야 한다. 그런데 무지막지로 치닫는 이 경쟁사회에서 양보하고 배려하는 마음 갖기는 참으로 어려운 일이다. 스스로는 양보나 배려의 마음을 갖거나 행동하지도 않으면서 다른 사람들이 그렇게 해 주기를 바란다면 통합은 그야말로 꿈도 꾸어서는 안 될 일이다. 내 것을 버리고 양보해야 통합은 이루어진다. 어렵다고 포기해서 될 일도 아니다. 어렵기 때문에 이루어야 할 가치가 있다.

우리나라는 세계에서 갈등 비용 지출이 네 번째로 많은 나라다. 지구상 유일한 분단국가이기 때문에 이념 갈등이 있는 것은 피하기 어려운 일이다. 다행히 우리는 정말 치유하기 어려운 종교 갈등이 비교적 없는 편이다. 그래서 대통합의 가능성은 있다. 정치 지도자를 비롯한 지도층 인사들이 이 일에 앞장서면 가능한 일일 것이다.

다른 갈등은 차치하고, 분단국가 국민이 가져야 할 국가 정체성에 대한 갈등은 없애야 하고, 18대 대통령 당선인이 주장하듯 100% 대한민국을 만들어야 한다. 이 분야의 갈등이 해소되면 지역 갈등은 자연히 숙지게 될 것이다. 작은 문제에 대해서는 꼭 하나가 되어야 한다는 집착을 가지지 말아야 할 것이다. 민주주의는 다양성의 사회고 시대는 다양성을 중시하고 있다. 갈등을 발전의 원동력으로 치환하는 힘을 길러야 한다.

국민대통합, 그 길은 정치적으로 모색하는 것이 당연하지만 예술이 아주 좋은 약이 될 수 있다. 예술은 이념을 초월하고 국가를 초월하고 인류가 하나인 것을 증명하는 지상 유일의 것이다. 싸이의 강남스타일이 세계를 뒤흔든 것을 보면 우리 예술의 가능성이 얼마나 큰지 짐작할 수 있다. 싸이 뿐만 아니라 드라마에서 출발한 한류가 불러일으키는 힘을 실감하고 있지 않은가. 우리가 수출 국가로서 그 어떤 상품이 이런 바람을 불러올 수 있었던가. 없었다. 앞으로 생겨야 하겠지만….

2013년 정부 예산은 432조5천억 원. 참 어마어마한 숫자다. 그렇지만 문화예술 분야 예산은 그중 고작 1% 정도에 불과하다. 그러면서도 예술과 문화가 중요하다고 하고, 예술과 문화가 살길이라고 한다. 예술과 문화에 우리의 미래가 있다는 사실을 부정하지 않는 것만으로도 예술인들은 다행이라고 생각해야 하는가. 그건 아닐 것이다. 예술인들이 끼를 발산해서 국민들에게 수준 높은, 혹은 세계 수준의 예술을 감상할 수 있도록 하는 기회를 국가가 만들어 줘야 한다.

청년 실업이 우리 사회의 주요 이슈가 되고 있지만 예술계에는 세계 유명 대학을 졸업한 예술 인재들의 실업 문제가 심각하다. 해외 동포들은 조국의 예술에 목말라하고 있다. 국가적 차원에서 해외 동포 위문 공연을 위한 예술단을 조직하여 순회 공연을 하는 일도 적극적으로 검토해야 한다. 이런 일은 해외 동포를 국민대통합에 참여시키고 예술인 실업을 해소할 수 있는 길이기도 하다. 새 정부가 들어서면 정치적 갈등을 예술로 풀어내는 정책들이 나왔으면 좋겠다. 예술을 통해 품위 있게 갈등을 해소하는 길을 모색했으면 한다. 예술만큼 공감대를 형성하기 쉬운 일은 없을 것이고 그 효과 면에서도 예술을 따라올 것이 없기 때문이다.

예술이
약이다

먹고 살려면 예술에 투자해야

대구가 예술문화 도시가 되려면 시민은 예술소비를, 시정부는 정책 수립과 기반 조성을, 예술가는 훌륭한 작품을 생산해야 한다. 특히 시정부가 예술문화 도시를 만들려는 확고한 의지가 있어야 한다.

현재 공연 중심 도시를 표방하며 여러 일을 하고 있다. 많은 변화가 있었다. 그러나 아직은 많이 부족하다. 도로 1㎞ 닦는 예산만 예술계에 더 투자해도 크게 달라질 수 있다. 예술 분야에 대한 투자 효과가 비가시적인 일이기 때문에 망설이거나, 예산 삭감 0순위에 두는 일은 없어야 한다. 예술분야 투자는 먹고살 만해서가 아니라, 앞으로 먹고살기 위해서라는 점이 강하게 인식되어야 한다.

투자가 조금씩 늘어나고 있지만 광역시 규모에 적정한 투자를 하고 있는지도 돌아봐야 한다. 예술문화 분야에서도 무엇을 그 중심으로 삼아야 할 것인지 분명히 정해서 집중적으로 육성하는 방안을 선택해야 한다. 공연 중심 도시를 지향한다고 하는 것도 범위가 넓다. 범위가 넓으면 목표의식이 약화된다. 오페라, 뮤지컬, 연극, 무용, 국악 등에서 무엇을 중심으로 삼을 것인지 선택해야 한다. 대구가 가진 장점을 가장 잘 반영할 수 있는 분야를 선택, 집중 육성해야 한다.

국경 없는 예술로 소통의 길을 열자

※2012년 11월 중국 산동성 위해(威海)에서 열린
'제4회 문화 창의 박람회' 발표문

1, 예술의 시대 변화 수용

하루가 다르다고 할 정도로 세상이 변하고 있다. 그 변화의 바람이 너무 거세어 좀체 시대 변화를 감지하기가 어렵다. 그러나 큰 틀에서 보면 비교적 쉽게 이해할 수 있다. 시대 변화를 인체에 비유하여 설명할 수 있는 틀이 있다.

인류 문명사를 〈원시 사회 – 산업 사회 – 현대 사회 – 미래 사회〉의 단계로 발전했다고 볼 때 이 단계를 인체에 비유하여

〈손, 발의 시대 – 머리의 시대 – 가슴의 시대 – 꿈의 시대〉로 대응시키는 게 그것이다.

원시사회는 오로지 노동이 재화 창출의 수단이 되었던 시대를 말한다. 그 노동이 손발에 의한 것이기 때문에 손발의 시대라고 부르는 것이 매우 합당해 보인다.

산업 사회는 국가마다 그 시기가 다르지만 산업 사회에 접어들면서 지식이 재화 창출의 수단이 된 사회를 말한다. 따라서 머리의 시대로 대응시킨다. 나라마다 교육의 중요성이 강조되고, 사람의 손과 발로 이루어지던 노동이 기계화되기 시작하면서 인력이 기계화로 대치되었다. 이 같은 상황은 나라마다 젊은 층의 취업이 문제되는 상황을 만들었다.

산업사회는 인간의 삶을 편리하게 만드는 데는 성공했다. 그렇지만 인간 삶의 가치를 재화와 연결시키는 인간성 부재의 상황을 맞게 되었으며 이러한 상황은 전 세계의 문제가 되고 있다. 따라서 마땅히 반성하지 않으면 안 될 상황이 되었다.

현대 사회는 이 같은 문제점의 인식을 통해 그 돌파구를 찾는데 주력했고, 그 돌파구가 예술문화라는 사실에 전 세계가 동의하고 있다. 기계 문명이 싸늘하게 식혀버린 인간의 가슴을 덥히는 것, 즉 문화 산업이 재화 창출의 중요한 수단이 되었다. 그래서 현대 사회를 문화의 시대라고 말한다.

미래 사회는 꿈의 사회로 요약되며, 상상력이 우리 산업의 중심이 되는 시대가 될 것이라는 예언들이 나오고 있다. 상상력이 재화 창출의 수단이 될 것이란 뜻이다. 이 사실을 부정할 수 있는 근거는 없고, 앞으로의 세계에서 예술이 중요한 위치를 점하게 될 것이란 것은 분명한 일이다.

따라서 현대와 미래 세계는 인간 삶의 모든 양식에 문화를 입히는데 주력하게 되었다. 정보 통신의 발달은 빨라진 유통 속도로 변방 국가가 없는 시대가 되었으며 이제 누가 더 좋은 꿈을 만드느냐의 경쟁에 돌입하게 되었다. 인간의 가슴을 덥힐 수 있는 모든 문화 Contents는 빠른 속도로 지구촌에 퍼지게 되는 것이다.

최근 한국의 대중가수 'PSY' 가 '강남Style'이라는 한국 노래로 전 세계를 들썩이게 한 것이 좋은 예가 된다. (Billboard chart 2위, You Tube 조회수 5억 건 돌파 2012년 10월 28일 현재) PSY는 "한국에서 통하면 세계에서도 통한다."고 외치고 있다. 이른바 서구나 Europe의 문화가 아니라 동양의 문화가 서구 Europe으로 파고 들 수 있는 가능성을 보여준 것이다.

이제 분명히 지구촌에서 지역이 무의미해지고 오로지 인간의 가슴을 덥힐 수 있는 문화 Contents가 생기면 강하게 전파되는 것이다. 예부터도 그랬지만 예술엔 국경이 없고 동, 서양의 구별도 없지만 인간성 상실이란 비극 앞에서 바야흐로 동양 문화가 세계의 중심 문화로 자리를 잡아가고 있다고 보아도 좋을 것이다.

그 중에서도 특히 중국에 대한 관심이 극대화 되고 있다. 2012년 모언의 Nobel문학상 수상이나, 2011년 건축계의 Novel상이라고 불리는 Pritzker Architecture Prize를 중국 건축가 Wang shu(왕수)가 수상한 것이 좋은 예가 될 수 있다.

2. 21세기적 예술의 임무

이러한 시대에 예술이 나아가야 할 길은 무엇인가? 인간성 회복이란 차원에서 물질문명을 우선하는 서양보다 정신을 우선하는 동양 문화가 주목 받게 된 것은 부정할 수 없는 현실이 되었다. 따라서 동양 제국들이 이 기회를 잘 살려 나가야 한다고 본다.

이 시기에 우리는 '미의 창조와 표현'이라는 예술의 근본 아래 시대 흐름에 맞는 예술의 정의가 필요하다. '예술은 인생의

빵은 아니라도, 적어도 그것에 곁들이는 포도주' 라는 명제는 수정되어야 한다. 예술은 그 무엇의 부차적인 것이 아니라 이제 빵 그 자체가 되는 시대가 온 것이다. 이런 시대에 예술은 어떤 방향을 설정해야 하는가를 살펴본다.

1) 예술은 나눔이어야 한다

독일의 Ludwig Van Beethoven

"나의 예술은 가난한 사람들의 행복을 위해서 바쳐지지 않으면 안 된다." 고 강조하였다.

2) 예술은 통합이어야 한다

영국의 사회비평가 John Ruskin의 '정의 여왕' 에서

'손과 머리와 마음이 함께 움직일 때 예술은 아름답다.' 고 했다. 이미 우리 시대에 Fusion Art와 Cross Over 등으로 손,

머리, 마음이 하나 됨을 지향하고 있다.

Voltaire (본명 Franois Maire Arouet) '서한집'에서 밝혔듯이 '모든 예술은 형제이고, 서로가 서로를 비춘다.'고 했다.

3) 예술은 자연 친화적이라야 한다

France 조각가 F.A.R. Rodin은 "예술에 있어서 사람은 아무것도 창조하지 않는다. 자기의 기질에 따라서 자연을 통역한다. 그것 뿐 이다."라고 했고,

Rome의 철학자 Marcus Aurelius은 '명상록'에서 "어떠한 자연도 예술만 못하지 않다. 예술이 하는 일은 자연의 것을 흉내 내는 것이다."라고 했다. 따라서 자연은 예술의 보고가 되는 것이다.

4) 예술은 세상의 악을 몰아내고 추함을 몰아내는 데 기여해야 한다

예술은 그 원리를 쫓아가면 인간의 심성을 순화시킬 수 있다. 예술을 통해 재화가 창출될 수 있지만 예술 행위를 재화 창출의 수단으로 만들어서는 안 된다. 모든 창작에서 예술성이 충분히 발휘되었을 때 재화는 저절로 따라오는 것이다. 건강한 예술이 흥해야 맑은 사회가 된다는 인식을 가질 필요가 있다.

3. 국제 교류의 의미

전통적인 의미의 국제교류는 외교라고 할 수 있는데 외교가 국가와 국가 간의 법적 계약이나 교섭활동이라면 현대적 의미의 국제교류는 다양한 주체 간의 다양한 형태의 협력 행위라고 할 수 있다. 따라서 현대적 의미의 국제교류는 외교적 차원의 한정된 교류보다는 훨씬 폭넓고 다양한 개념으로 발전하고 있다. 예를 들면 과거의 국가 간의 조약(법적계약)이나 안보협력(국방), 통상 등과 같은 차원뿐만 아니라 현대적 의미의 국제교류는 다양한 주체들이 각각의 인적·물적 자원은 물론 문화·제도·정책과 각종 형태 지식정보 등을 다양하게 교환하며 상호 이해를 도모하는 일체의 과정을 광의의 국제 교류라고 할 수 있다.

국제 교류는 교류하는 국가를 이해하려는 목적에서 출발한다. 그 이해의 목적은 상생을 위한 탐구이다. 정보 통신의 발달로 이미 지구촌이 되어버린 세계에서 자국 내의 예술 활동만으로는 지구촌 예술의 흐름을 제대로 짚어내기 어렵다. 이런 의미에서 국제 교류라는 방법을 통해서 교류국들이 발전을 모색하는 것이다.

한 – 중 교류의 경우는 어느 국가들보다 교류의 의미와 목적을 극대화시킬 수 있는 여건을 갖추고 있다. 이른바 표현 예술의 가장 강력한 무기가 되는 언어에서 한자 문화권을 형성하고 있기 때문이다. 중국과 한국에서 한자는 양국을 소통하게 하는 중요한 문자가 되고 있다.

언어가 통하는 국가 간의 교류는 각 영역의 예술이 다소 차이가 나게 발전해오고 있지만 예술의 형태에서 유사한 점이 많음을 발견할 수 있다. 그 유사점은 새로움을 위한 중요한 재료가 되며 교류의 의미를 크게 증폭시킬 수 있는 재료가 된다.

따라서 예술의 국제 교류에서 중요하게 파악되어야 할 것은 양국 간의 예술이 무엇이 같고 무엇이 다른지를 파악하는 것이다. 같은 것은 서로 합쳐 발전시키고 다른 것은 다른 것대로 발전시키거나 그 다른 것을 융합하여 새로운 예술의 Genre나 형태로 발전시킬 수 있다.

국제 예술 교류에서 예술 작품의 교류가 우선적이지만 예술인의 교류라는 점도 무시할 수 없는 영역이다. 예술인들 간의 예술적 소통이 일반 국민들의 소통을 선도할 수 있기 때문이다. 어느 나라나 예술인들은 그 국가에서 여론을 형성하고 지도층에 있는 경우가 많다. 정치적 문제가 생겼을 때 교류 국가들의 국민 이해가 발생된 문제를 해결하는 데 큰 도움을 줄 수 있다.

그것은 지도에 있는 국경이 진실로 인류의 마음속이나 지구에는 없기 때문이다. 위대한 예술 작품은 어느 나라 국민이든지 감동시킬 수 있다. 그 감동은 교류국가 국민들의 가슴에 좋은 감정으로 살아남게 마련이다. 따라서 예술작품엔 국경이 없다. 그것이 예술이 가진 가장 큰 힘이며 예술이 존중받아야 할 이유이기도 하다.

어느 국가든 정치인들이 세상을 바꿀 수 있다고 큰소리치지만 진정 세상을 바꿀 수 있는 힘을 가진 것은 예술과 과학이다. '생각의 탄생'이란 책을 쓴 Robert Root-bernstein은 물리

학자인 Max Planck 의 "과학자에게는 예술적인 상상력이 필요하다."는 말을 인용하며 "실로 과학자와 예술가는 친척관계라고 해도 무방하다."고 썼다. 예술도 과학도 상상력을 중시한다는 측면에서 유사하지 않을 수 없다.

Computer가 세상을 얼마나 바꾸어 놓았는지 돌아보면 쉽게 이해가 간다. 앞으로 세계에서 Robot이 대단히 중요한 역할을 하게 될 터인 데 이 'Robot'이란 용어가 처음 생겨난 것도 문학 작품 속에서다. Czechoslovakia Karel Capek이 쓴 희곡 'Rossum's Universal Robot'에 1920년에 나타났다. 문학의 상상력이 우리의 현실이 되고 미래가 된 것이다.

4. 한 · 중 예술 교류의 전망

국제교류는 양국 간의 쌍방향 흐름을 뜻하므로 수직적인 차원이 아니라 수평적인 차원의 흐름으로 과거의 국가가 전체를 대변하고 독점하는 형태가 아니라 인종·민족·종교·언어·체제·이념 등의 차이를 초월하여 개인, 집단, 기관, 국가 등 다양한 주체들이 각각의 우호, 협력, 이해 증진 및 공동이익 도모 등을 목적으로 관련 주체 상호 간에 공식·비공식적으로 추진하는 대등한 협력관계를 말한다.

국제교류의 전제는 상호 간의 문화적 전통 및 가치관을 존중하는 대등한 관계에서 출발하는 것이며, 일방적으로 어느 한 주체가 자국의 가치관이나 우월성 등을 고집할 수 없고 타국의 입장을 간섭하거나 강제할 수 없다.

이미 교류를 하고 있는 국가들이 이 점에서는 모두 동의하고 교류를 진행하고 있다. 한·중 교류도 이런 원칙이 잘 적용되고 있다. 필자가 맡고 있는 한국예총 대구광역시연합회의 경우 중국 상해 문련과 남경 문련과 20년 가까운 교류를 해오고 있다.

쌍방이 합의하여 이렇게 장기간 교류를 지속할 수 있는 것은 상생한다는 믿음이 있고, 양국 간의 협력이 필요하다는 사실을 입증하는 것이다. 이 같은 협력은 어디까지나 예술을 매개로 하고 있다는 점에서 다른 분야보다 돈독하다고 볼 수 있다.

앞으로도 한, 중 교류는 더욱 확대될 것이 확실하다. 최근 위해시와도 예술의 다방면에서 교류를 시도하고 있다. 이미 올해부터 미술 교류가 진행되고 있다. 양국이 좋은 작품을 보여주기 위해서 노력하는 것은 양국의 예술 발전을 위한 중요한 바탕이 될 것이다.

뿐만 아니라 양국 예술인들의 교류는 민간 외교의 구실을 충실히 하고 있다. 필자는 예술의 여러 Genre가 위해시와 교류하기를 희망한다. 경제적 여건이 문제가 될 수 있지만 예술 단체들이 긍정적인 방향에서 검토하면 그 길을 열 수 있을 것이라고 믿는다.

마지막으로 양국의 예술단체들이 그야말로 수평적 관계에서 예술 교류 확대를 위한 방안을 찾는 데 더욱 적극적으로 노력해보자는 제언을 드리며 발표를 마친다.

오늘 하는 예술소비, 내일 위한 행복투자

정재왈 – 예술경영지원센터 대표
예술경영 웹진 발행인

"예술가가 많다고 문화예술도시인가? 예술을 즐기는 시민이 많아야 문화예술도시이지."

대구예총 문무학(61) 회장의 말이다. 이번 '문답'의 주인공인 그는 영남일보 논설위원 등을 지낸 대구 문화예술계의 마당발이다. 일각에서 아직도 '관변단체' 정도로 보고 있는 예총의 지역회장을 이 코너에 초대한 것은, 이 지역 문화예술계에서 신망이 높아 대표성이 있다고 판단했기 때문이다.

만나보니 역시 그 판단은 틀리지 않았다. 문화예술, 특히 문화예술 향유에 대한 그의 철학과 관점은 명쾌했으며 실천력도 있었다. 대구가 여타의

광역 지자체보다 문화예술 시장이 활성화한 데에는 문 회장 같은 이들의 숨은 노력 덕분이라 생각했다. 과연 대구는 그가 자부하는 '예술 소비 시민이 많은 문화예술도시'일까? 이것부터 물었다.

정재왈 잘 알다시피, 서울의 공연예술 단체가 지방 투어를 할 때 가장 선호하는 지역이 대구다. 현실적으로 '장사'가 된다는 이야기다. 대구의 이런 저력은 무엇인가?

문무학 잘 갖춰진 공연장 인프라와 인식도가 높은 탄탄한 문화예술 애호가들이 있어서다. 내 사무실이 있는 이곳 대구문화예술회관 콤플렉스와 대구오페라극장, 수성아트피아, 그리고 적잖은 소극장이 산재해 있다. 또한 음악과 무용 등 상당한 수준의 교양을 갖춘 애호가들의 폭이 넓은 편이다.

정재왈 서울 외에 '오페라' 극장이 있는 곳은 대구가 유일하다. 음악(성악)이 그만큼 강하단 이야기 아닌가?

문무학 음악 이야기가 나온 김에 놀라운 사실 하나를 말하겠다. 한국에 피아노가 처음 들어온 곳이 어딘지 아는가? 바로 대구다. 정확히 1900년 3월 26일 달성군의 사문진 나루터로 선교사 에피의 피아노가 들어왔다. 나루터에 내린 피아노는 31명의 짐꾼들에 의해 짚으로 꼰 밧줄에 묶여 3일 동안 16㎞를 이동해 대구로 옮겨졌다. 기록에 남아 있는 한국 최초의 피아노 역사다.

정재왈 흥미 있는 사실이다. 서양음악의 기본이 피아노라면, 이런 역사 속의 대구가 음악의 도시란 건 이상한 게 아니다. 문화예술의 도시 대구를 드러낼 또 다른 옛 이야기는 없나?

문무학 물론 또 있다. 잘 알고 있듯이 대구는 6.25전쟁 당시 피난 도시였다. 각 분야, 많은 시인묵객들이 이곳으로 피난을 왔다. 조지훈, 박목월, 박두진, 이중섭, 구상 등 기라성 같은 예인들이었다. 혼란기에 이들의 안식처 가운데 하나가 '녹향綠香'이라는 클래식 감상실이었다. 작고한 이창수 씨가 해방 직후 몇몇 지인들과 음악동호회를 만들어 SP레코드를 감상하던 곳으로 출발했는데, 지금까지 남아 대구의 문화적 상징 구실을 하고 있다.

'예술시민'의 행동강령을 기획하다

　문 회장은 원래 공연예술보다 문학 분야 사람이다. 조직 운영에 수완이 있어, 대구 시조시인협회와 문인협회 등에서 9년 동안 장을 맡았다. 그 다음 행보가 한국예총 대구광역시연합회(대구예총) 회장이다. 2010년 당선돼 3년 째 하고 있다. 예총회장은 '글쟁이'에 머물던 문화예술에 대한 좁은 식견을 넓히는 계기가 됐다. 문화예술 전반을 두루 보게 된 것.

　정재왈 앞서 '예술시민'의 역할과 중요성을 강조했다. 일하는 예총 회장으로서 이를 실현 하는 당신만의 기획이 있는가?

　문무학 취임 이후 지속적으로 펼치고 있는 '예술소비운동'이 있다. 예총 산하 '예술소비운동본부'를 통해 지금까지 시민 2천 3백여 명에게 '무료' 공연과 전시 관람, 도서 보급 등의 기회를 주었다. 재원은 독지가의 기부로 충당했다. 태창철강 유재성 회장이 연간 5천만 원씩 지원하고 있다. 이런 소비운동이 결과적으로 대구를 문화예술의 도시로 격상시킬 것이다.

　정재왈　의도는 좋지만, '무료' 제공은 결국 소비자의 구매의욕을 꺾는 일 아닌가?

　문무학　정확히 말하면 예총이 단체로부터 티켓을 사서 소비자에게 제공하는 것이다. 단체에겐 티켓 판매로 도움을 주고, 소비자에겐 문화예술에 대한 기호 형성을 돕는 것이다. 이런 경험은 결국 능동적 소비로 이어질 것이다.

　정재왈　이른바 '운동'이 목적을 이루기 위해서는 구체적인 목표 설정이 필요할 텐데.

　문무학　맞는 말이다. 그래서 '오늘 하는 예술소비, 내일 위한 행복 투자'라는 슬로건을 만들었다. 이 슬로건 아래 '머리맡 책 갖기', '월 1회 공연(영화)보기', '월 1회 전시장 찾기' 등의 행동강령을 만들었다. 그 결과 운동에 동의한 회원 2천3백여 명이 혜택을 보았고, 더 늘어나는 추세다.

문 회장의 극성은 여기에서 멈추지 않았다. 바람직한 예술 소비운동을 가이드 하기 위한, 공연 및 전시 관람 에티켓을 사례별로 일목요연하게 정리한 〈通하자 예술아〉라는 1백 쪽 분량의 책자를 만들어 관람객은 물론 학교와 도서관 등에 보급하고 있다. "예술 활성화를 위해서는 공연 수준 못지않게 관람객의 수준도 같이 높아져야 한다"는 게 그의 지론이다.

나무를 품는 숲의 시각으로

정재왈 해방 이후 영남의 대표 도시이긴 하지만, 대구는 유서 깊은 역사와 전통의 토대가 약한 편이다. 조선시대 충청도 '기호학파'와 쌍벽을 이루던 '영남학파'의 본거지는 안동 등 내륙지방이었다. 그러다 보니 대구는 지자체 차원에서 음악이나 오페라, 사진, 심지어 뮤지컬 등 '현대예술'에 역량을 집중하는 것 같다. 앞으로 문화예술과 관련한 대구의 비전은 어떤 것인가?

문무학 대구의 문화적 전통과 역사가 취약하다는 점은 인정한다.

비산동의 '날뫼북춤'과 욱수농악 등 전승 예술이 없지 않지만, 현대예술 장르에 비하면 많이 약하다. 그런 전통을 계승, 발전하는 것도 중요하지만, 강점이 있는 분야를 발전시키는 것은 더욱 중요하다. 대구오페라페스티벌 등은 이런 특장점을 살린 시도라 할 수 있다. 앞으로 대구는 경주와 김천, 울산, 구미 등을 포괄하는 문화예술의 광역 구심적 역할을 자임하는 적극성이 요구된다. 문화예술 지방분권을 위한 중앙정부의 전향적인 지원 자세도 필요하고.

정재왈 사회, 정치적으로 대구는 보수주의 본거지로 통한다. 대구와 경북을 뜻하는 'TK = 보수'의 등식이 성립됐다. 문화예술 분야에서 대구예총은 보수를 대변한다 하겠다. 대구에서 소위 '진보예술계'와의 관계는 어떤가?

문무학 예총의 그것에 비해 활발하다 할 수는 없지만, 문화예술 창작 활성화와 시민들의 향유기회 확대 등 지향하는 목표는 예총의 활동과 같다고 본다. 서로를 인정하는 입장에서 현안에 대한 공동대응과 협력은 잘 이루어지고 있다. 대립은 거의 없다.

선입견이긴 하지만, 한 장르를 대변하는 입장에 오래 있던 사람을 만나면 보이지 않게 '장르이기주의'에 막혀 있다는 생각이 들 때가 많다. 이럴 때는 두루두루 주제를 바꿔 이야기를 하기가 어려운 데, 문 회장은 그런 벽이 없었다. 나무가 아닌 숲을 볼 줄 안다는 생각이 들었다.

지은이 ┃ **문무학**

경북 고령 낫질 생
한국방송통신대학 행정학과 졸업
대구대학교 대학원 국어국문학과 석, 박사과정 졸업(문학박사)
1982년 제38회『월간문학』신인작품상 당선으로 데뷔
1988년『시조문학』지 문학평론 천료
시조집『가을거문고』『설사 슬픔이거나 절망이더라도』
　　　　『눈물은 일어선다』『달과 늪』『풀을 읽다』『낱말』
선집『벙어리 뻐꾸기』, 이론서『시조비평사』
기타 『사랑이 어떻더니』『예술의 임무』『문학사전』
　　　『지혜보다 밝은 눈이 어디 있으랴』등 펴냄
현대시조문학상, 유동문학상, 대구문학상, 대구시조문학상,
윤동주문학상, 대구광역시문화상(문학부문), 이호우시조문학상,
연변민족시문학상, 체육훈장거상장, 자랑스러운 방송대인상 대상,
2011 자랑스러운 대구대인상 등 수상
영남일보 논설위원, 대구시조시인협회장, 대구문인협회장을 거쳐
현재 한국예총 대구광역시연합회 회장,
문화시민운동협의회 회장(직무대행), 대경대학교 초빙교수로 있음